JOHANNES REIMER

Gott in der Welt feiern

JOHANNES REIMER

Gott in der
Welt feiern

Auf dem Weg zum missionalen Gottesdienst

NEUFELD VERLAG

Die Edition IGW wird herausgegeben vom Institut für Gemeindebau und Weltmission (IGW), das angehende Pastoren und Gemeindeleiter sowie kirchliche und diakonische Mitarbeitende in regionalen Schulungszentren in der Schweiz, Deutschland und in Österreich theologisch ausbildet.

Die Edition IGW macht Forschungsergebnisse von Studierenden und Dozierenden bei IGW International einer breiten Leserschaft zugänglich und will damit einen Beitrag leisten, der aktuellen gemeindebaulich-missionarischen Herausforderung in Europa zu begegnen.

IGW International
Josefstraße 206
CH-8005 Zürich
www.igw.edu

FSC

Mix
Produktgruppe aus vorbildlich
bewirtschafteten Wäldern und
Recyclingholz oder -fasern

Zert.-Nr. SGS-COC-003091
www.fsc.org
© 1996 Forest Stewardship Council

Die Deutsche Bibliothek verzeichnet diese Publikation in der Deutschen Nationalbibliografie; detaillierte bibliografische Daten sind im Internet über www.d-nb.de abrufbar

Umschlaggestaltung: spoon design, Olaf Johannson
Umschlagbilder: © ShutterStock®
Satz: Neufeld Verlag, Schwarzenfeld
Herstellung: Bercker Graphischer Betrieb GmbH & Co. KG, Kevelaer

© 2010 Neufeld Verlag Schwarzenfeld
ISBN 978-3-937896-90-8, Bestell-Nummer 588 777

Nachdruck und Vervielfältigung, auch auszugsweise, nur mit Genehmigung des Verlages

www.neufeld-verlag.de

NEUFELD VERLAG

$n^{\circledv}$

Inhaltsverzeichnis

Abkürzungen

APEHL	Apostel, Prophet, Evangelist, Hirte und Lehrer
EKD	Evangelische Kirche in Deutschland
EKK	Evangelisch-Katholischer Kommentar
GLT	Gottesdienstleitungsteam
KGR	Handbuch für Kirchengemeinderätinnen und Kirchengemeinderäte
KMU	Kirchliche Mitarbeiter-Umfrage
ÖRK	Ökumenischer Rat der Kirchen
RKK	Römisch-Katholische Kirche
ROK	Russisch-Orthodoxe Kirche
SA	Schmalkaldische Artikel Luthers (1537)
Vaticanum II	Zweites Vatikanisches Konzil
WA	Weimarer Ausgabe der Gesammelten Werke Martin Luthers
WCCC	Willow Creek Community Church

Vorwort

Seit nunmehr fast 100 Jahren reden wir darüber, dass Deutschland ein Missionsland geworden ist.[1] Genauso lang beklagen wir die Tatsache, dass evangelische Kirchen ihre Mitglieder verlieren und die sonntäglichen Veranstaltungen der Kirchen leer bleiben. Die Rede von der Krise des Gottesdienstes ist so alt, dass man längst vergessen hat, wann sie aufkam. Es wäre naiv zu glauben, ein weiteres Buch zu diesem Thema könnte aus dieser Krise helfen. Doch in vielen Gemeinden, wo die Menschen den gewohnten Gottesdiensttrott satt haben, könnte es vielleicht tatsächlich hilfreich sein.

Auch ich kann von langweiligen Gottesdiensten berichten. Es gab in meinem Dienst Zeiten, wo ich am liebsten das Handtuch geworfen hätte. Nichts schien so zu laufen, wie es geplant und vorbereitet wurde. Wenn Gott da nicht gnädig gewesen wäre! Nein, ich habe nicht aufgegeben. Dieses Buch ist dafür der beste Beweis. Gott hat mich durchgetragen. Und so gab es in meiner Gemeindepraxis mit den Jahren auch viele ermutigende Beispiele. Ich rede also in diesem Buch nicht vom grünen Theologentisch aus. Auch wenn dieses Buch theologische Grundkonzepte behandelt, geboren sind sie in der Auseinandersetzung mit der Praxis. Die Theologie, die diesem Buch zugrunde liegt, ist aus der Praxis für die Praxis entstanden.

Und so zielt dieses Buch sowohl auf jene, die sich über die Zukunft des evangelischen Gottesdienstes in unserem Land

Gedanken machen, als auch auf die vielen Pastorinnen und Pastoren, die Sonntag für Sonntag vor der Frage stehen, wie ihnen ein attraktiver Gottesdienst gelingt. Die Theologie dieses Buches ist bewusst als Handlungstheorie abgefasst. Sie zielt auf die Praxis ab. Sie will und muss angewandt werden. Dabei geht es mir speziell um die Leitung des Gottesdienstes. Das hier ist also ein Buch über geistliche gottesdienstliche Leitung. Und damit ist in mehrfacher Hinsicht die Problemlage beschrieben, um die es in diesem Buch geht. Zum einen gehe ich davon aus, dass die *Krise* des Gottesdienstes in unseren Gemeinden dadurch ausgelöst wird, dass genau das heute in den Gemeinden fehlt – die Fähigkeit zu leiten, und zwar ganz spezifisch, Gottesdienst zu leiten. Zum anderen wird die Langeweile, die unsere Gottesdienstlandschaft begleitet, meines Erachtens dadurch ausgelöst, dass man längst aus dem Blick verloren hat, was Gottesdienst eigentlich bedeutet. Wenn man das Ziel nicht kennt, ist das ganze Unternehmen Leitung an sich infrage gestellt.

Sie werden am Inhalt des Buches leicht feststellen, dass hier ein Missiologe schreibt. Gottesdienst kann meines Erachtens nicht außerhalb des ewigen Ratschlusses Gottes gedacht werden. Und diesen geben wir heute mit dem aus dem Lateinischen stammenden Fachbegriff der *Missio Dei* wieder. Das Wesen des christlichen Gottesdienstes kann nur im Kontext des Wesens der Gemeinde selbst gedacht werden und diese ist rein missionarisch zu bestimmen. Die Kirche ist missionarisch von ihrem Wesen her – dieser Satz des Zweiten Vatikanischen Konzils ist mittlerweile zu einem allgemeinen Dogma nahezu aller christlichen Konfessionen geworden. Ist das aber so, so kann der Gottesdienst nur missional gedacht werden. Wen sollte es dann wundern, dass die Krise des westlichen Christentums, die wesentlich eine Krise ihres Missionsverständnisses ist, eine Gottesdienstkrise nach sich gezogen hat? Wenn es also um eine ontologische Erneuerung der Kirche geht, dann geht es primär darum, das missionale Wesen des christlichen Gottesdienstes wieder zu entdecken.

Desweiteren herrscht eine große Unsicherheit über den Prozess der Leitung des Gottesdienstes selbst vor. Wie leitet man

Menschen zu dem Punkt, wo Gott ihnen dient? Wie führt man sie dahin, dass sie selbst beginnen, Gott zu dienen? Wie wird der reguläre Gottesdienst einer regulären Kirchengemeinde zu einem missionalen Ereignis? Mit einer bloßen religiösen Veranstaltung eines wie auch immer gearteten liturgischen Zuschnitts kommt man hier nicht weiter. Es gilt daher beides zu klären, das Wesen des Gottesdienstes selbst und die Prinzipien gottesdienstlicher Leitung.

Wie gesagt, ich komme aus der gottesdienstlichen Praxis und nichts liegt mir näher als der Wunsch, dass diese Praxis in vielen Gemeinden grundsätzlich erneuert wird. Dass dies möglich ist, beweisen nicht nur die vielen Bücher, die im Laufe der letzten Jahre zu diesem Thema geschrieben wurden,[2] sondern auch die überaus ermutigenden Erfahrungen aus Gemeinden, die durch einen solchen Prozess der Erneuerung gegangen sind. Aus diesen Erfahrungen schöpfe ich die Motivation und Kraft für dieses Buch.

Vieles davon kommt im Zeugnis jener jungen Dame zum Ausdruck, die eines Tages nach dem Gottesdienst in unserer Gemeinde auf mich zu kam und sagte:

„Heute hat Gott zu mir geredet. Guck nicht so komisch, ich meine das ernst – Gott war heute hier. Ich habe ihn erfahren."

„Aber Gott ist doch immer hier im Gottesdienst", entgegnete ich vorsichtig.

„Kann schon sein, Pastor, kann schon sein. Ich habe ihn jedenfalls noch in keinem Gottesdienst erfahren. Heute, hier bei euch, ist das zum ersten Mal passiert. Und glaub' mir, ich gehe seit meiner frühen Kindheit zu Kirche. Das hier war anders."

Das, was für die junge Frau anders war und was ihr die Begegnung mit dem lebendigen und ewigen Gott ermöglicht hat, darüber will ich schreiben.

„Stell dir vor, es ist Gottesdienst und alle wollen hin" – das ist die Vision, die diesem Buch zugrunde liegt.

Anmerkungen

1 Gerhard Hilbert äußerte diesen Gedanken bereits 1916 (Herbst 2005:202) und seither wird immer wieder vom Missionsland Deutschland geredet.

2 Siehe unter anderem Kuen 1998.

Kapitel 1

Gottesdienst - und keiner geht hin

1.1 Das Ende einer kirchlichen Tradition?

Seit Jahren wird über den evangelischen Gottesdienst lamentiert. Immer weniger besuchen die sonntäglichen Veranstaltungen der Kirchen und Gemeinden. Betroffen sind Landeskirchen und Freikirchen. Die Situation in den Großstädten vermag die Lage anschaulich zu verdeutlichen. Ein Dutzend Gottesdienstbesucher verlieren sich im gewaltigen Schiff einer zentralen evangelischen Kirche in Hamburg-Altona. Und in den meisten Baptistengemeinden der Stadt erscheint weniger als die Hälfte ihrer Mitglieder zum Gottesdienst.

Hamburg ist bei weitem keine Ausnahme. Nicht viel anders sieht es in Berlin aus oder in Frankfurt und München, Zürich oder Wien. Die Situation ist prekär. Die EKD zeigt in ihrer regelmäßig erhobenen Mitgliederbefragung (4. KMU), dass 15 Prozent ihrer Mitglieder nie einen Gottesdienst besuchen, 27 Prozent einmal im Jahr oder seltener, 35 Prozent mehrmals im Jahr (in der Regel nur zu „Pflichtveranstaltungen" der Kirche). Damit besuchen 77 Prozent der Mitglieder faktisch nie einen Gottesdienst. Mitglieder, die jeden Sonntag einen kirchlichen Gottesdienst besuchen, machen laut KMU gerade noch zehn Prozent aus.[3] Wobei man realistischerweise eher von fünf Prozent ausgehen müsste, wie die Studie von Beck zeigt (Beck 2007:46). Und auch hier sind es in der Regel eher ältere Menschen, die sich in die Kirche wagen.

Nach einer gezielten Untersuchung der Altersstruktur der Gottesdienstbesucher in 123 zufällig ausgewählten evangelischen Gottesdiensten, die die Arbeitsgruppe „Kirche für Morgen" am 19. Oktober 2003 durchführte, sind 47,6 Prozent der Besucher über 60 Jahre alt; 28,2 Prozent zwischen 40 und 60; 17,9 Prozent 20 bis 40 und nur 6,4 Prozent unter 20 Jahre alt. Das Ergebnis der Befragung ließ die Arbeitsgruppe zu dem Schluss kommen, dass wir es mit einer „Seniorenkirche" zu tun haben (:86ff).

Ist die traditionelle Kirche dabei, sich von der Bühne zu stehlen? Altbischof Theo Sorg hat sich jedenfalls bereits 1977 tief besorgt über den Besucherschwund kirchlicher Veranstaltungen geäußert (Sorg 1977:62). Zehn Jahre später wiederholte er seine Sorge mit gleicher Vehemenz (1987:56). Andere bestätigen seine Befürchtungen.[4] Heute ist die Lage nicht viel anders.

Warum besuchen die Menschen keinen Gottesdienst mehr, obwohl sie sich nachweislich zur Kirche zählen? Liegt es daran, dass Menschen ihr Interesse für Glaubensfragen verloren haben, oder eher an der Art und Weise, wie der kirchliche Gottesdienst abläuft? Kann es sein, dass die Krise in der sich der Gottesdienst heute befindet, hausgemacht ist? Kann es sein, dass die Gestalt des typischen traditionellen Gottesdienstes wesentlich dazu beiträgt, dass Menschen sich hier nicht mehr wiederfinden? Oder, noch tiefer gefragt, kann es sein, dass der Gottesdienst sich wesensmäßig so stark verändert hat, dass derjenige, der darin seinen Dienst anbieten soll, Gott selbst, sich aus dem Gottesdienst zurückgezogen hat? Wenn der Gottesdienst der bevorzugte Ort ist, „an dem wir unsere Liebe zu Gott zum Ausdruck bringen" (Kuen 1998:1), dann ist doch folgende Frage angebracht: Was ist an diesem Ort der Begegnung aus dem Ruder gelaufen, dass ausgerechnet eine gewollte Liebesbegegnung nicht mehr stattfindet? Oder ist etwa eine solche Begegnung gar nicht mehr im Blick? Es bedarf keiner besonderen Kunst, um festzustellen, dass die meisten Gottesdienste heute mit Gott selbst nur noch am Rande zu tun haben. Für viele Gottesdienstbesucher ist der traditionelle Gottesdienst in erster Linie ein Kasualiengottesdienst. Man geht hin, weil es gesellschaftlich angebracht erscheint, an bestimmten Passagen der eigenen Biografie gottesdienstliche Begleitung zu erfahren. Taufe, Konfirmation, Hochzeit und Beerdigung stehen hier hoch im Kurs. Dazu kommen unerwartete Lebenserfahrungen und Stress-situationen, die einen Gottesdienstbesuch möglicherweise wün-schenswert macht. Eine solche Kasualisierung des Gottesdienstes, wie sie von bestimmten Vertretern der Kirche befürwortet wird,[5] bedeutet allerdings eine massive Umdeutung des Gottesdienstes und schließlich auch eine Neudefinition des Christentums an sich. Hier ist Gottesdienst vom Menschen her gedacht. Er ist zum Ort, zur Quelle individueller geistlicher und seelischer Befriedigung geworden. Gottesbegegnung wird hier auf eine distanzierte, per-sönlich kaum wahrgenommene religiöse Erfahrung reduziert. Man geht hin, weil man glaubt, die Religion für sich selbst instru-mentalisieren zu können.

Ist das Gottesdienst, wie ihn die Bibel lehrt? Oder hat sich hier eine genuin heidnische Grundhaltung nach vorne geschoben, die den Gottesdienst als solchen zu einer Abart seiner selbst umge-staltet hat? Hat das Kasualchristentum eine Überlebenschance in einer Welt, die zunehmend nach der Alltagsbedeutung des Glau-bens fragt?

1.2 Gottesdienst in der Erlebnisgesellschaft

Als bewusste Alternative zu den Kasualiengottesdiensten ver-stehen sich all jene Vorschläge zur Gottesdienstgestaltung, die sich darum bemühen, den modernen Menschen da abzuholen, wo er sich wirklich befindet. Einen „menschengerechten Gottesdienst" fordert beispielsweise Winfried Blasig (1981). Im Zeitalter der Unterhaltung ist persönliches Erleben von zentraler Bedeutung. Die Erlebnisgesellschaft unserer Tage verlangt nach der Befriedi-gung persönlicher Erlebnisbedürfnisse.[6] Der Gottesdienst kann und soll, so wird argumentiert, jenen religiösen Raum bieten, wo die Erlebnisdefizite auf spiritueller Ebene abgebaut werden.[7] Wo Unterhaltung zum Gestaltungsprinzip des gesellschaftlichen Daseins erhoben wird, muss der Gottesdienst zur Unterhaltung werden. Der Gottesdienst wird somit zu einem Kunstwerk (Grözinger 1998:98ff), zu einer „theatralischen Inszenierung" (Kunz 2006:65), die „fantastisch inszeniert ist, die Menschen in Staunen versetzt, aber keine [...] praktischen Konsequenzen zur Folge hat" (Beck 2007:47).

Doch ist eine solche Schlussfolgerung nicht auch gefährlich? Ist eine Veranstaltung, in der die Besucher ihren spirituellen Kick bekommen, allein deshalb Gottesdienst, weil es hier um Spiritualität geht? Und ist der Geist der Unterhaltung gleichzusetzen mit der Gegenwart des Heiligen Geistes? Oder muss man vielmehr davon ausgehen, dass die Unterhaltungsmentalität am Ende zum Leichenhaus der Kirche wird? Mit dem berühmten Buchtitel von Neil Postman (2000) gesprochen, amüsieren wir uns nicht auch in der Kirche zu Tode, wenn wir unsere Urteilsbildung im Zeitalter der Unterhaltungsindustrie dem Zeitgeist überlassen? Nicht wenige vermuten genau das, wie H.-G. Heimbrock in seinem Artikel „Gottesdienst in der Unterhaltungsgesellschaft" anschaulich darstellt (Heimbrock 1999:143f).

Und offen gefragt: Womit unterscheiden sich denn Erlebnisgottesdienste von jenen verpönten traditionellen Kasualgottesdiensten? Wesentlich geht es doch hier wie da darum, dass der Mensch auf seine Kosten kommt. Hier wie da wird in der Religion eine Quelle ausgemacht, die man für sich persönlich nutzbar machen kann. Hier wie da ist der Mensch selbst im Zentrum dessen, was wir Gottesdienst nennen.

Könnte es sein, dass gerade hier das eigentliche Problem verborgen liegt? Könnte es sein, dass wir eine radikale Wende vollziehen müssen, wenn wir zu einer anderen geistlichen Qualität des Gottesdienstes in unseren Kirchen und Freikirchen kommen wollen?

1.3 Was ist Gottesdienst?

Theo Sorg kommt in seinen Überlegungen zum Thema Gottesdienst zur entscheidenden Feststellung: Es kommt darauf an, was denn die Kirche mit ihrem Gottesdienst will (Sorg 1987:55). Gottesdienst muss Gottesdienst bleiben. Aber was heißt das? Wie sehen

Gottesdienste aus, wenn sie so ablaufen, wie sie biblisch gesehen sein müssten? Was findet da statt? Wie werden sie gestaltet, wie geleitet? Mit anderen Worten – was ist das Wesen des evangelischen Gottesdienstes; eines Gottesdienstes, der vom Evangelium her kommt und Gottes ursprüngliche Vision wiedergibt?

„Was Gottesdienst ist, das weiß doch jeder", wird man vielleicht sofort einwenden. Berge von Büchern sind dazu bereits geschrieben und publiziert worden. Warum also die Mühe? Ich bin nicht sicher, ob die Fülle an Literatur eine eindeutige Antwort geben kann. In den christlichen Gemeinden, die ich besuche, staune ich über die allgegenwärtige Unkenntnis zum Thema. Will man aber Erneuerung, dann muss zu allererst der *Status quo* geklärt werden. „Wir sind dem Leben aus Gott entfremdet", sagt der Apostel Paulus, „aufgrund unserer Ignoranz und der Verhärtung des Herzens" (Eph 4,17f). Wir müssen erst einmal die Ignoranz und die Verhärtung der Positionen notieren, bevor wir diese verändern können. „Ihr werdet die Wahrheit erkennen und die Wahrheit wird euch freimachen", dieser Grundsatz Jesu (Joh 8,32) gilt auch hier.

Was ist also unser Gottesdienstverständnis? Was ist Ihr Gottesdienstverständnis? Folgende Übung soll Ihnen helfen, Klarheit zu gewinnen. Bitte ergänzen und vervollständigen Sie folgende Sätze:

Unter Gottesdienst verstehe ich:

....

....

Zu einem richtigen Gottesdienst gehören unbedingt folgende Elemente:

....

....

Folgende Personen spielen im Gottesdienst eine entscheidende Rolle:

....

....

Meine Rolle im Gottesdienst ist:

....

....

Gottes Rolle im Gottesdienst ist:

....

....

Es wäre hilfreich, wenn Sie diese Fragen auch Ihren Mitchristen in der Gemeinde stellen würden. Ideal wäre es, wenn sogar die Gesamtgemeinde einmal darauf antworten würde.

Jeder Weg hat einen Anfang. Der Weg der Erneuerung nimmt seinen Anfang immer an dem Punkt, wo die zu erneuernde Wirklichkeit bloßgestellt wird. „Perestroika beginnt mit Glasnost", dieser Satz des ehemaligen Generalsekretärs der Kommunistischen Partei der UdSSR, Michail Gorbatschow, der eine radikale Neustrukturierung der Welt eingeleitet hat, bleibt auch in unserem Zusammenhang in Kraft. „Perestroika" bedeutet Transformation, „Glasnost" heißt Transparenz. Veränderung beginnt also mit Offenheit und Ehrlichkeit.

Und dann fragen Sie einmal Menschen, die keinen christlichen Gottesdienst besuchen: Was denken sie darüber, was in den vier

Wänden Ihrer Kirche Sonntag für Sonntag stattfindet? Fragen Sie Nachbarn in der unmittelbaren Umgebung Ihrer Kirchengemeinde. Sie werden staunen, was diese alles für möglich halten!

Und dann vergleichen Sie Ihre eigenen Vorstellungen mit denen anderer Menschen. Sind diese Vorstellungen kompatibel? Wird den Menschen geboten, was sie erwarten oder vermuten? Wenn nicht, dann sind Probleme vorprogrammiert. Warum sollten Menschen in eine Veranstaltung gehen, die sie missverstehen? Warum sollten sie von Gottesdiensten begeistert sein, die ihnen nichts sagen?

Und schließlich ist da ja noch Gott. Was denkt er über Gottesdienst? Wollte und will er das, was wir Gottesdienst nennen? Wenn ja, wo finde ich in der Bibel eine entsprechende biblische Bestätigung? Oder hat auch er sich längst aus unserer Mitte verabschiedet, weil er in der Veranstaltung, die wir anbieten, für sich selbst keinen Platz findet?

Zugegeben, es sind einfache und direkte Fragen. Sie sind leicht zu beantworten. Doch leider wird genau das kaum gemacht. Wagen Sie es!

Die Lektüre dieses Buches wird eine andere Qualität erhalten, wenn Sie jetzt erst einmal nicht weiter lesen, sondern die vorgeschlagene Übung machen. Und wenn Sie damit fertig sind, füllen Sie die Tabelle auf der folgenden Seite aus. Vergleichen Sie die einzelnen Aussagen miteinander. Wenn Sie Widersprüche und Spannungen in den Aussagen ausmachen, notieren Sie diese in der Spalte „Spannungen".

Thema	Bei uns in der Gemeinde denkt man	Die Menschen in der Umgebung glauben	Die Bibel sagt	Spannungen
Gottesdienst ist …				
Gottesdienst gibt …				
Im Gottesdienst passiert …				
Gottes Rolle im Gottesdienst ist …				

Gemacht? Klasse! Jetzt gehen wir an die Arbeit. Welche Fragen in Bezug auf den Gottesdienst sind bei Ihnen offen? Welche Fragen sollte dieses Buch beantworten? Notieren Sie sich diese Fragen:

....

....

....

....

....

....

Anmerkungen

3   Kirchenamt 2003; Huber 2006. Zur Auswertung der Mitgliedererhebung siehe Hermelink 2006 und Beck 2007.

4   Siehe in diesem Zusammenhang die Untersuchung von Willi Beck (2007).

5   Vgl. Grethlein 2003:16f.

6   Zum Begriff und Inhalt der Erlebnisgesellschaft unserer Tage siehe Schulze (2000).

7   Siehe hierzu Hartmut Becks' (1996) an der Universität Bonn eingereichte Dissertation mit dem bezeichnenden Titel „Der Gottesdienst in der Erlebnisgesellschaft".

Kapitel 2

Keine Gemeinde ohne Gottesdienst

2.1 Die Korrelation Gemeinde und Gottesdienst

Nichts ist so typisch für eine christliche Gemeinde wie der Gottesdienst. Wo immer sich Christen versammeln, feiern sie zusammen Gottesdienst. Das war seit Anbeginn des Christentums so. Der Gottesdienst ist „das wichtigste Treffen der Gemeinde" (Kuen 1998:1). Theo Sorg schreibt dazu:

> Würden durch äußeren Druck oder Krieg alle Kirchen geschlossen und keine Glocken mehr läuten, so kann doch eine Gemeinde ohne die Versammlung im Namen Jesu nicht wirklich Gemeinde sein. Sie kann in Roms unterirdischen Katakomben oder in einem sibirischen Arbeitslager zusammenkommen, aber versammeln muss sie sich. Die christliche Gemeinde und ihr Gottesdienst sind nicht voneinander zu trennen (Sorg 1987:54).

Eindrücklich beschreibt Plinius, der Abgesandte des römischen Kaisers Trajan, das gottesdienstliche Geschehen unter Christen, die er um das Jahr 110 am Schwarzen Meer kennenlernt:

> Sie versammeln sich gewöhnlich an einem festgesetzten Tag vor Sonnenaufgang und singen Christus als ihrem Gott im Wechsel Lob; und verpflichten sich mit einem Eid, nicht etwa zu irgendeinem Verbrechen, sondern geradezu zur Unterlassung von Diebstahl, Raub, Ehebruch, Treulosigkeit und Unterschlagung von anvertrautem Gut. Danach ist es bei ihnen Brauch

gewesen, auseinanderzugehen und später wieder zusammen zu kommen, um ein Mahl einzunehmen, allerdings ein ganz gewöhnliches und unschuldiges.[8]

Die unmittelbare Verknüpfung zwischen Gottesdienst und Leben der Christen ist hier deutlich evident. Gottesdienste gehören damit zur eigentlichen Mitte dessen, was eine christliche Gemeinde ist. Die heute weit verbreitete Haltung, dass Christsein auch ohne Gottesdienst möglich wäre, ist biblisch nicht zu halten. Unmissverständlich lehrt uns der Schreiber des Hebräerbriefes:

„Verlasst eure Gemeindeversammlungen nicht, wie es sich einige angewöhnt haben, sondern ermahnt euch gegenseitig, und das um so mehr, als ihr seht, dass sich der Tag neigt" (Hebr 10,25).

Und Eberhard Hahn fasst die Theologie des Gottesdienstes im Neuen Testament zusammen und schreibt:

„Wo der Gottesdienst nicht im Zentrum der Gemeinde und des persönlichen Christenlebens steht, da regiert bald Gesetzlichkeit, Krampf oder Zwang. Alles kommt darauf an, dass die Prioritäten richtig gesetzt werden" (Hahn 1998:7).

Walt P. Kallestad, Gemeindepastor aus den USA, bezeichnet den Gottesdienst mit Recht als „das Herz der Gemeinde" (Kallestad 2002:88).

Doch was ist Gottesdienst? Wie verstehen wir in der Gemeinde Gottesdienst? Einen Gottesdienst zu leiten, ohne zu verstehen, was er ist, wäre mehr als fatal.

Gottesdienst steht für eine wöchentliche religiöse Veranstaltung, die in der Regel von den Christen am Sonntag, den Juden am Samstag und den Muslimen am Freitag veranstaltet wird.[9] Inhalt, Formen und Gestaltung des Gottesdienstes unterscheiden sich zum Teil erheblich voneinander, je nachdem, wo man gerade in dieser Welt lebt.[10] Doch was ist Gottesdienst biblisch gesehen? Wie sehen die Autoren des Alten und Neuen Testaments Gottesdienst? So einfach die Frage, so kompliziert die Antwort.

2.2 Gottesdienst aus der Sicht des NT

Eine einheitliche Sicht dessen, was die Bibel unter Gottesdienst versteht, vor allem unter der einen „richtigen" Form des Gottesdienstes, fehlt in der Schrift. Diese Tatsache wird von verschiedenen Autoren unterstrichen.[11] Das NT lehnt sich nicht an die in der Antike bekannten Vorstellungen vom Gottesdienst an. Die von Jesus bevorzugte Form der Versammlung im Haus ließ die Gemeinde zu einer Art „Oikosgesellschaft" werden, die keine Parallelen kennt, wie Gehring sie einmal bezeichnet hat (Gehring 2000:51ff).

Der neutestamentliche Gottesdienstbegriff hat eine doppelte Bedeutung, die sowohl die Versammlung als auch eine im Alltag gelebte Haltung des Gehorsams meinen kann.[12] Es geht hier um den Vollzug des Glaubens. Volker Gäckle kann daher mit Recht über die apostolischen Gemeinden schreiben:

> *„Die Gemeinden ‚lebten' Gottesdienst im ganzheitlichen Sinne, integriert in ihren Alltag"* (Gäckle 2005:39).

Die alten Griechen bezeichneten ihre religiösen kultischen Dienste, die sie einer Gottheit gegenüber brachten, mit dem Wort *latrea*. Das Verb *latreuein* steht für kultisches Dienen und wurde von den Übersetzern des AT nur an vier Stellen verwandt – Jos 22,27; Ex 12,25.26; 13,5. Dabei geht es um die kultische Verehrung Jahwes, vor allem durch Opfer.[13] Wichtig hierbei ist die innere Haltung des Opfernden. Der Gottesdienst ist demnach nicht nur eine äußere Opferhandlung, sondern schließt bewusstes Teilnehmen am Gottesdienst mit ein. Opferbereitschaft setzt also Hingabe voraus.

Im NT kommt der Begriff *latreia* an fünf Stellen in drei Büchern vor: Joh 16,2; Röm 9,4; 12,1; Hebr 9,1.6. Charakteristisch für den Gebrauch des Begriffs im NT ist die Ausweitung der kultischen Verehrung auf die Hingabe des Lebens an Gott (vgl. Röm 12,1). Das Opfer kann hier sowohl ein Gebetsopfer (Lk 2,37; Apg 26,7) als auch die Hingabe des Leibes (Röm 12,1) meinen, so Kittel (1942:65). Daraus wird anschaulich deutlich, wie schwierig eine direkte Übernahme dieses griechischen Terminus als Bezeichnung für den Gottesdienst der ersten Christen war. Konsequenterweise sprachen die ersten Christen daher auch nicht vom Gottesdienst, wenn sie zusammenkamen, sondern benutzten Umschreibungen, wie „Zusammenkommen im Namen Jesu", „Brot brechen" (Apg 2,42), „sich versammeln" (Apg 4,31; 13,44; 14,27; 1Kor 5,4; 11,17f; 14,23–26) oder „Versammlung" (Hebr 10,25; Jak 2,2). In 1Kor 14,26 wird eine solche gottesdienstliche Versammlung mit folgenden Worten beschrieben:

> *„Wenn ihr zusammenkommt, so hat jeder einen Psalm oder eine Lehre oder eine Offenbarung oder eine Zungenrede oder eine Auferbauung. Lasst es alles zum Aufbau der Gemeinde dienen."*

Die Gemeinde kommt also zusammen, um Gemeinde zu sein. Wohl am deutlichsten findet dieser gottesdienstliche Charakter der Gemeinde in ihrer Selbstbezeichnung als Versammlung – griechisch *ekklesia* – seinen Ausdruck.

Andere Begriffe, die in der Bibel zur Beschreibung des Gottesdienstes gebraucht werden, sind Ehre (Verherrlichung), Herrlichkeit (Verherrlichung), Anbetung und Liturgie. Diese bestimmen den Inhalt des Gottesdienstes des Volkes Gottes. Was bedeuten sie?

a) Gottesdienst ist Verherrlichung Gottes. Im AT wird hierfür das hebräische Wort *kabod* gebraucht. Das Wort bedeutet Ehre, Gewicht und Herrlichkeit. In Jes 6,3 wird dieser Begriff in der gottesdienstlichen Formel gebraucht, die da heißt: „Heilig, heilig, heilig ist der Herr der Heerscharen; die ganze Erde ist erfüllt von seiner Herrlichkeit." Im NT wird dieser Sachverhalt mit dem Wort *doxa* wiedergegeben (Segler 1996:6). In Lk 2,14 heißt es beispielsweise: „Herrlichkeit ist bei Gott in der Höhe und Friede auf Erden ..." Der Gottesdienst ist somit ein Ereignis, bei dem Gott erhoben und seine Ehre und Herrlichkeit unterstrichen werden (:6). Es ist im wahren Sinne des Wortes ein doxologisches Ereignis, eine Feier. Segler hat recht, wenn er schreibt:

> *„Gottesdienst ist essenziell die Feier der Taten Gottes in der Geschichte – Gottes Schöpfung, Gottes Fürsorge, Gottes Bund der Erlösung; Gottes erlösende Offenbarung in der Fleischwerdung Jesu Christi, dem Kreuz, der Auferstehung und der Mani-*

festation der Macht Gottes durch das Kommen des Heiligen Geistes" (:6).

b) Gottesdienst ist Anbetung Gottes. Das Wort *shachah* wird im AT für Anbetung gebraucht. Es bedeutet den Akt des sich „Herabbeugens" und „Niederfallens". Als die Israeliten hörten, dass Gott zu Moses gesprochen hatte, da fielen sie auf ihr Angesicht und beteten an (Ex 4,31). Im NT wird *shachah* mit dem griechischen Wort *proskyneo* übersetzt. Jesus gebrauchte den Begriff zum Beispiel in Joh 4,24, als er der samaritanischen Frau sagte: „Gott ist Geist und die ihn anbeten, müssen ihn in Geist und Wahrheit anbeten." Im Gottesdienst soll daher gerade der Anbetung ein wichtiger Platz eingeräumt werden.

c) Aber Gottesdienst ist nicht nur ein Ritual der Anbetung und Bewunderung Gottes. *Er ist ein Ereignis der Begegnung zwischen Gott und Mensch.* Er ist ein Ort der Offenbarung Gottes und der Antwort des Menschen. Diese Begegnung ist weder zeitlich noch räumlich begrenzt. Sie erschöpft sich nicht mit einer Veranstaltung, sondern zielt auf das ganze Leben des Menschen. *Gottesdienst ist Dienst an Gott.* Der neutestamentliche Begriff hierfür ist *leitourgia.* Der Begriff heißt wörtlich „Dienst der Menschen" und wird bereits in der griechischen Kultur für das religiöse Zeremonial gebraucht. Im NT wird *leitourgia* verwendet zur Beschreibung des Dienstes der Priester (Lk 1,23), es qualifiziert den Dienst Jesu Christi (Hebr 8,6) und den Dienst der Gemeinde (Apg 13,2). Paulus beschreibt das Leben im Glauben als Dienst an Gott (Gal 5,22) und fordert die Opferung des Leibes für den Dienst Gottes (Röm 12,1; Segler 1996:6). Der Gedanke des Opfers ist sowohl im AT wie auch im NT ein zentraler Ausdruck für den Gottesdienst. Der Psalmsänger ruft den Gläubigen auf, alle Ehre Gott zu geben und ihm zu opfern und so in seinen Vorhof einzutreten (Ps 96,8). Opfer waren hier materielle Opfer, entsprechend dem Opfergesetz Israels. Im NT ist das Opfer mit der totalen Hingabe des eigenen Lebens an Gott und seinen Dienst gemeint (Phil 4,18; Röm 12,1).

d) Gottesdienst ist also ein konstituierendes Ereignis der ekklesia, der Versammlung von Menschen, die zur Verantwortung gerufen werden. In ihrem Versammeltwerden werden sie zu dem, was sie sein sollen! Den Gottesdienst als bloße kirchliche

Veranstaltung für religiös interessierte Menschen zu deklarieren, bedeutet am eigentlichen Wesen dessen, was der neutestamentliche Gottesdienst ist und sein will, vorbei zu handeln. Erst die theologische Positionierung des Gottesdienstes macht die praktische Gestaltung des Gottesdienstes möglich.

e) Gottesdienst als Versammlung von Menschen ist jedoch nicht nur Gott-, sondern auch menschenzentriert. Hier begegnen Menschen Gott, indem sie einander begegnen. Wolfgang Klippert spricht daher mit Recht von dem einen Gottesdienst mit zwei Zielen (Klippert 2000:13f). Es geht im Gottesdienst um Gott und seine Ehre. Und es geht im Gottesdienst um den Menschen und seine Wiederherstellung.

2.3 *Ekklesia* – die Versammlung der Verantwortungsträger

Der Gottesdienst konstituiert die Gemeinde. Gemeinde wird im NT *ekklesia* genannt. Etymologisch leitet sich der Begriff vom griechischen *ek-kaleo* ab und heißt so viel wie „die Herausgerufene" (Mauerhofer 1998:20). Der Begriff kommt 116 mal im NT vor, wovon 109 mal unmittelbar die Gemeinde als Versammlung der aus der Welt Herausgerufenen gemeint ist. Der Begriff wurde außerbiblisch seit dem fünften Jahrhundert vor Christus für die Vollversammlung der wahlberechtigten Bürger der griechischen Stadt, der *polis,* gebraucht (Coenen 1977:784). Diese politische Versammlung war nur den freien Bürgern einer Stadt zugänglich. Nur sie wurden zur *ekklesia* gerufen. In der Septuaginta (LXX) wird der Begriff als Übersetzung des hebräischen *qahal* gebraucht, mit dem die Versammlung des alttestamentlichen Bundesvolkes bezeichnet wurde (:785). Die inhaltlichen Parallelen von *qahal* und *ekklesia* müssen den Übersetzern der LXX deutlich vor Augen gestanden haben: In beiden Fällen handelt es sich um einen Begriff völkischer Gemeinschaft, die infolge ihrer besonderen Stellung auch eine besondere Verantwortung für das Wohl dieser Gemeinschaft hat. Sowohl *qahal* als auch *ekklesia* meinen diese Gemeinschaft umfassend, ganzheitlich. Es sind politische Begriffe mit weitreichenden Folgen für ihre zugehörigen Mitglieder. Besonders wichtig in diesem Zusammenhang erscheint Dt 23,2–9 in seiner frühjüdischen Auslegungsgeschichte. Gerhard Lohfink (1982:90) schreibt dazu:

> *„Hier wird die ekklesia als das wahre Gottesvolk verstanden, das sich von aller Unheiligkeit und Unreinheit absondert."*

Bezeichnend ist die Verbreitung des Begriffes im NT. *Ekklesia* fehlt weitgehend in den Evangelien, mit Ausnahme der drei Erwähnungen in Mt 16,18 und 18,17.[14] Die Apostelgeschichte und dann vor allem die paulinischen Briefe führen den Begriff häufig. Meist bezeichnet *ekklesia* hier die lokale Gemeinde, so in 1Thess 1,1 die Gemeinde zu Thessaloniki oder in 1Kor 4,17 „jede Gemeinde". *Ekklesia* kann auch eine Gruppe von Gemeinden (Gal 1,22; 2Kor 11,8) oder alle Gemeinden (1Kor 7,17) meinen. Der Ortscharakter der *ekklesia* ist dabei bezeichnend, da hier eine erstaunliche Anlehnung an die *ekklesia* der griechischen *polis* vorgenommen wird, ganz im Gegensatz zum alttestamentlichen *qahal*. Damit wird auch klargestellt, dass es sich hierbei nicht nur um eine Übernahme der LXX-Terminologie handelt, sondern eine neutestamentliche Neuschöpfung.

Es ist von Bedeutung, die Sinnstruktur des Begriffs zu erfassen, wenn man an das Wesen und den Auftrag der Gemeinde als *ekklesia* denkt. Die politische *ekklesia* wurde einberufen, wenn es um das Wohl der *polis*, der antiken Stadt, ging. Die Entscheidungen der wahlberechtigten Bürger gingen nie nur sie selbst an, sondern alle Einwohner der Stadt. Sie hatten unmittelbare Konsequenzen für das Leben in der Stadt. So gesehen ist der Begriff voller politisch-sozialer Spannkraft.

Diese Dimension des Begriffs in seiner Anwendung auf die Gemeinde Gottes zu übersehen, kann fatale Folgen haben. Als Vollversammlung der Erwählten Gottes, die zum Wohl der von Gott geliebten und abgefallenen Welt versammelt wird, ist die Gemeinde ein Botschafter des Friedens für die Welt (2Kor 5,17ff) und damit ein Agent der politischen und sozialen Transformation. Was sie entscheidet, hat Folgen. Was sie bindet, bleibt gebunden, was sie löst, kann nicht mehr gebunden werden (Mt 18,18). Und das nicht nur in geistlichen Belangen, sondern umfassend, ganzheitlich. Als *ekklesia* ist die Gemeinde Jesu die für das Wohl und das Heil der Welt verantwortliche Instanz. Gott berät sich mit ihr, wenn es um die Menschen innerhalb der Grenzen ihres Einflussbereiches geht. Nimmt man aber der *ekklesia* diesen öffentlichen Charakter, dann gestaltet sich die Versammlung zu einer aus der Welt herausgerissenen Masse, die keinerlei Verantwortung für die Welt mehr empfindet, sondern sich nur um das eigene Heil kümmert. Das aber wäre eine völlige Verkennung des hier gebrauchten Bildes. Es ist mit Recht darauf hingewiesen worden, dass sowohl der neutestamentliche Begriff *ekklesia* als auch das alttestamentliche *qahal* eigentlich die „zur Entscheidung versammelte Gemeinde" meint. Gemeinde als Versammlung hat daher nur dann ihre Existenzberechtigung, wenn sie sich von Gott zur Verantwortung rufen lässt.

Ekklesia war in der antiken Welt eine ortsgebundene Erscheinung. Die *polis* oder die griechische Stadt hatte klar umrissene geografische und soziale Grenzen. Ganz ähnlich geht das NT auch mit den christlichen Gemeinden um. Diese werden als Ortsgemeinden[15] gedacht. Sie erhalten ihre Bezeichnungen nicht von ihren Gründern, sondern von der geo-politischen Lokalität, in der sie liegen. Es ist bezeichnend, mit welcher Vehemenz Paulus vorgeht gegen eine Aufteilung der Ortsgemeinde zu Korinth in Gruppen, die sich nach ihren Gründern nennen (siehe dazu 1Kor 1,10ff). Offensichtlich verband er mit dem Ortsbezug der Gemeinde weit mehr als nur eine bloße geografische Identifikation. Es sind Gemeinden zu Rom, Ephesus, Philippi usw. Auch die primäre Verantwortung dieser Gemeinden ist ortsgebunden. So sind die Korinther zunächst einmal Botschafter an Christi statt für die Korinther selbst (2Kor 5,17ff). Hier werden sie herausgerufen, Gottes Heil und Wohl für die Stadt, „ihr Bestes", zu suchen.

Ein wesentliches Instrument, das zum Gelingen dieser Mission beiträgt, ist dabei die kulturelle Adaption. Der Apostel Paulus ermutigt daher die Korinther, den Juden ein Jude und den Griechen ein Grieche zu werden, damit wenigstens einige von ihnen für Jesus gewonnen werden können (1Kor 9,20ff). Offensichtlich stand Jesus selbst Paulus als Vorbild vor Augen, als er diesen Lebensgrundsatz formulierte. Er, das ewige Wort Gottes, Gott in

Person, wurde Mensch und nur so erhielten wir Menschen Zugang zu Gottes Herrlichkeit (Joh 1,1ff). Diesem Inkarnationsprinzip getreu, muss eine Gemeinde vor Ort so kontextualisiert werden, dass sie den Menschen, unter denen sie lebt, verständlich und zugänglich erscheint.

„Herausgerufen" darf also nicht im Sinne eines Abschieds von der Welt, sondern eher im Sinne der „Vollversammlung" für die Belange der Welt verstanden werden. Sicher sind die Mitglieder dieser besonderen Versammlung, der Welt, in der sie leben, in gewisser Hinsicht enthoben. Sie sind nicht mehr von der Welt. Und doch, das ist ja gerade das Ekklesiale an der Gemeinde – sie ist in der Welt und für die Welt im Einsatz. Das Gebet Jesu in Joh 17,16–18 trifft hier den Nagel auf den Kopf. Jesus betet für seine Gemeinde und sagt:

> *„Sie sind nicht von der Welt, wie auch ich nicht von der Welt bin. Heilige sie in der Wahrheit. Dein Wort ist die Wahrheit. Wie du mich gesandt hast in die Welt, so sende ich sie auch in die Welt."*

Gesandt, wie Christus gesandt wurde (Joh 20,21). In der Welt, und doch nicht von der Welt. Die Gemeinde hat eine Mission. Sie ist Gesandte, Botschafterin Gottes, Gesandte in eine Welt, für die sie *ekklesia* sein soll!

Die Praxis der Urgemeinde bestätigt diese Annahme. Unmissverständlich ruft Paulus seine Mitstreiter auf, nicht mehr wie die Heiden zu leben, „dem Leben aus Gott entfremdet", versunken in der Befriedigung der eigenen Begierden (Eph 4,17ff). Das neue Leben in Christus verlange unter anderem viel mehr, „mit eigenen Händen Besitz zu erwerben, um mit den Notleidenden zu teilen" (Eph 4,28b). So gehören die Witwen und die Waisen zum besonderen Kreis von Menschen, für den die Gemeinde zu sorgen hatte (Apg 6,1–6; 1Tim 3,8–12.5,10). Das christliche Diakonat hat wohl unter anderem hier seine Wurzeln (Riesner 1978:82f). Dabei ist keineswegs nur an die eigenen Glaubensgenossen zu denken. Ausdrücklich schließt Paulus alle Menschen ein, wenn er im Brief an die Galater formuliert: „Darum, solange wir noch Zeit haben, lasst uns Gutes tun an jedermann, allermeist aber an des Glaubens

Genossen."[16] Jedermann ist jedermann, also alle Menschen in der unmittelbaren Umgebung der Gemeinde.

Freilich hat der heidnische Staat der jungen christlichen Gemeinde harte Grenzen für ihr sozial-transformatives Engagement gesetzt. Das Christentum war eine vernichtend kleine Gruppe im Meer von Völkern und Religionen des gewaltigen römischen Imperiums. Und doch haben sie, wo immer möglich, solche Akzente gesetzt. In der Frage der Arbeitsmoral zum Beispiel. Wenn Paulus die Thessalonicher zur Arbeit aufruft und somit jedem Schmarotzertum einen Riegel vorschiebt (1Thess 4,10–12; 2Thess 3,6–12), dann tut er das nicht nur, weil bestimmte Glieder der Gemeinde einer übertriebenen Parusie-Erwartung anheimgefallen sind. Der freie römische Mann, soweit er keinen Kriegsdienst leistete, gehörte auf die *agora,* auf den Marktplatz. Hier nahm er an politischen und philosophischen Diskussionen teil. Die Arbeit verrichteten die Frauen und Sklaven. Paulus greift diese Arbeitsmoral nicht nur frontal an, sondern sucht mit seinem eigenen Vorbild (2Thess 3,7–9) den Gläubigen ein Vorbild zu geben.

Die frühe Geschichte der Gemeinde Jesu kennt herrliche Beispiele des sozialen Engagements der Christen für ihre Umwelt. So lässt der christenfeindliche Kaiser Julian zwischen 361 und 363 an den heidnischen Oberpriester Arsakios in Galatien schreiben, „dass die gottlosen Galiläer außer ihren (Armen) auch noch unsere ernähren" (Riesner 1978:33).

Fazit: Ekklesia als Versammlung der Herausgerufenen definiert die Gemeinde als ortsgebunden mit einer klar definierten Verantwortung für das umfassende Leben der Einwohner des Ortes. Wenn sie sich in der Versammlung ereignet, dann hat das Konsequenzen für alle Menschen in ihrer Umgebung. Gottesdienst als Mitte der versammelten Gemeinde, ja als ihr wesentliches konstituierendes Element, muss somit als Gottesdienst im Angesicht der Welt, als missionales Ereignis begriffen werden. Im Gottesdienst tritt Gott seiner geliebten Welt entgegen, die er retten will und für deren Rettung er seinen geliebten Sohn geopfert hat. Im Gottesdienst feiert die Gemeinde ihren missionarischen Gott. Im

Gottesdienst beugt sie sich vor ihm, fällt vor ihm nieder und betet ihn an, weil sie bereit ist, ihm und ihm allein zu dienen.

2.4 Der trinitarische Charakter des ekklesialen Gottesdienstes – das theologische Rahmenkonzept

Was sind nun die wichtigsten theologischen Grundlagen, wenn es um Fragen des christlichen Gottesdienstes geht? Auf welchem theologischen Hintergrund kann, ja muss das gottesdienstliche Leben der Gemeinde gedacht und praktiziert werden? Die Analyse der biblischen Texte zum Thema Gemeinde und Gottesdienst macht deutlich, dass es wenigstens drei Eckpunkte eines missionalen Zyklus sind, die bei der Begründung zu beachten sind:

a) der missiologische Horizont,

b) die methodologische Form und

c) der Rahmen, in dem Gottesdienst gedacht wird.

Dabei wird der missiologische Horizont, auf dessen Hintergrund Gemeinde und ihr Gottesdienst entsteht, als *Missio Dei*, die methodologische Form als *Missio Christi* und der theologische Rahmen als die Königsherrschaft Gottes, die sich in der Mission des Geistes, der *Missio Spiritu,* äußert, gesehen.

Diese drei Eckpunkte ergeben jenen theologischen Denkrahmen, der eine biblische Reflexion des Gottesdienstes auf gesunde Beine stellt.[17] Es ist ein trinitarischer Rahmen, was jegliche Priorisierung der drei Prinzipien gegeneinander ausschließt. Es ist, um mit den Worten des Kirchenvaters Johannes von Damaskus zu sprechen, ein perfekter Rundtanz, eine *perichoresis.* Der Kirchenvater benutzte das Bild, um die Dreieinigkeit Gottes zu beschreiben (Gladis 1999:4ff). *Perichoresis* steht an dieser Stelle für eine reziproke Interiorität, die davon ausgeht, dass jede Person der Dreieinigkeit in der anderen wesensmäßig vorhanden ist, ohne jedoch dabei aufzuhören, eine distinkte Person zu sein (Volf 1998:209). Hier wird zyklisches Denken appliziert, das die Gleichzeitigkeit der Wirklichkeit an unterschiedlichen Punkten einer rotierenden Bewegung möglich macht. Wir finden dieses Denken vor allem in der johanneischen Theologie. Hier ist der Vater im Sohn und der

Sohn im Vater (Joh 17,21) gedacht. Göttliche Einheit wird als ein Ineinandersein definiert. Zugleich löst dieses Ineinandersein die Eigenständigkeit des Vaters und Sohnes nicht auf.

Gottesdienst als trinitarische Selbstoffenbarung Gottes – so will man in der Ostkirche die göttliche Liturgie verstehen. Am deutlichsten wird diese Tradition in der Ikonografie zum Ausdruck gebracht. Die Ikone stellt jenes Fenster in die transzendente Welt der Gottheit dar, das dem Gottesdienstbesucher Einblick und Erfahrung, Kontemplation und Transformation ermöglichen will.

Keine andere Ikone der Orthodoxie hat diesen Gedanken besser zum Ausdruck gebracht als die Ikone von der Heiligen Dreifaltigkeit des russischen Ikonenmalers Andrej Rublew (ca. 1360–1430), die er etwa 1411 für das berühmte Dreifaltigkeits-Kloster in Radonezh malte (und die diesem Buch als Karte beigefügt ist). Heute befindet sich die Ikone in der Staatlichen Tretjakow-Galerie in Moskau. Besser, als viele Worte es ausdrücken können, stellt Rublew die dynamische Selbstoffenbarung des dreieinigen Gottes dar. Dabei liegt seinem Konzept die Idee der *Perichoresis* zugrunde. Er folgt darin seinem geistlichen Vater, dem großen Geist des russischen Mönchtums, Sergij von Radonezh.[18] Rublew versucht nun mit seiner Ikone der Heiligen Dreifaltigkeit der Theologie des Sergius eine Stimme zu verleihen. Er tut das in typisch byzantinischer Manier.[19] Seine Figuren sind eingefroren in tiefer geistlicher Harmonie. Jede äußere Bewegung ist aus dem Bild genommen. Es kommt ihm viel mehr auf die innere, dem bloßen Auge verborgene, Bewegung an. Diese wird durch die Position der Figuren auf dem Bild angedeutet. Das gelingt dem Mahler nur durch eine besondere bis ins Perfekte durchdachte Komposition.

Die Ikone nimmt die Geschichte von den drei Männern, die den alten Greis Abraham und seine Frau Sarah besuchen, um ihnen die Geburt ihres Sohnes Isaak anzukündigen (Gen 18,1–2), zum Anlass. Das Motiv wurde bereits früh auf den Besuch des dreieinigen Gottes im Hause Abraham gedeutet, die Erzählung wurde oft ikonografisch umgesetzt. In der Regel zeichneten die Maler die Ikone recht naturalistisch. Nicht so Rublew. Ihm geht es weniger um die Rahmenerzählung. Sein Interesse gilt dem Wesen der

Abbildung 1: Die Ikone der Heiligen Dreifaltigkeit.

Dreieinigkeit, der Dynamik der Beziehung der drei zueinander und nicht zuletzt dem Auftrag, dem sich die drei zuwenden.

Rublew malt eine Ikone, einen erklärten liturgischen Gegenstand, der wesentlich zum Gottesdienst seiner Kirche dazugehört. Er will die Dreieinigkeit im Gottesdienst verstehen und den Betrachter dadurch zum Gottesdienst, wie ihn Gott will, hinleiten. Die Art und Weise, wie der Maler sein Ziel erreicht, ist genial. Zum einen setzt er sich bewusst von den zu seiner Zeit typischen Konventionen kirchlicher Ikonenmalerei ab.

Zwei Traditionen haben sich in Rublews Zeit in Bezug auf die Darstellung der Trinität durchgesetzt.[20] Der erste Typ kann als „christologischer Typ" bezeichnet werden. Dabei galt es bei der Darstellung der Dreifaltigkeit darauf zu achten, dass man die drei Figuren um eine zentrale Figur gruppierte. Diese stellte Jesus dar und überragte die anderen beiden Figuren. Die Christusfigur blickte den Betrachter direkt an. Sie dominierte die Gesamtkomposition der Ikone. Die Botschaft einer solchen Ikone war klar: Die Dreieinigkeit erschließt sich dem gläubigen Betrachter nur über Jesus Christus. Er ist der Schlüssel zu Gott. Der zweite Typ, der als „trinitarisch" bezeichnet werden kann, stellte die drei Personen gleich groß in einer Reihe vor den Betrachter. Die Botschaft war auch hier klar: Gott ist dreieinig und die drei Personen der Trinität sind gleich. Beide Darstellungstypen sehen den Ikonenbetrachter vor der Ikone.

Rublew entscheidet sich für eine völlig neue Perspektive. Er sucht die beiden Typen miteinander zu vereinen. Die christologische Darstellung bleibt gewahrt, allerdings ohne die zentrale Figur hervorzuheben. Dabei holt er den Betrachter aus seiner Position vor der Ikone hinein in das Innere der Ikone. Seine Figuren sind nicht zum Betrachter gewandt. Rublew malt sie in einer umgedrehten Perspektive. Der zentrale Engel nähert sich dem Abendmahlstisch, was in der orthodoxen Tradition bedeutet, dass er nun mit dem Rücken zur versammelten Gemeinde steht, das Gesicht dem Altarraum zugewandt.[21] Der Betrachter wird somit hinter den Altar mit den Abendmahlsgaben gebracht. Er befindet sich im Allerheiligsten. Was er beobachtet, ist dem natürlichen Menschen sonst verborgen.

Rublew will also seinen Betrachter zur Kontemplation der Dreieinigkeit selbst führen. Er soll eine himmlische Perspektive, ein Fester zum Mysterium der Dreieinigkeit, geöffnet bekommen. Der Gottesdienst, zu dem der Maler seinen Betrachter einlädt, soll in dem Raum stattfinden, der dem natürlichen Menschen verborgen bleibt. Er soll so anbeten, wie es Gott selbst tut!

Was macht der Maler, um sein Ziel zu erreichen? Welche Komposition wählt er? Welche Farben und Formen bemüht er?

Die erste überraschende Entscheidung des Malers – er ordnet seine Figuren zyklisch an. In der Ikonografie ist eine solche Komposition für Querformate vor Rublew völlig unbekannt. Zyklische Bewegung war dagegen seit den Arbeiten von Dionysius Areopagites[22] ein Sinnbild für Ewigkeit. Will Rublew mit seiner zyklischen Anordnung sagen, dass alles, was die Dreieinigkeit darstellt, ewigen Bestand hat? In ihr und in ihr allein findet der gläubige Betrachter den eigentlichen Maßstab für sein Sein und Tun? Will er sagen, dass wahrer Gottesdienst, Gottesdienst der einen Ewigkeitswert beansprucht, nur trinitarisch zu erreichen ist? Die detaillierte Analyse der drei Charaktere bestätigt unsere Annahme.

Gott der Vater ist durch den Engel auf der linken Seite des Bildes dargestellt. Das wird unterstützt durch das Haus über dem Kopf des Engels. Das Haus stellt das Haus der Schöpfung dar. Der Vater ist der Schöpfer des Universums. Zu ihm beugen sich die beiden anderen Engel. Der Engel im Zentrum steht für Jesus, den Sohn Gottes, deutlich unterstrichen durch den Baum über seinem Kopf. Der Baum symbolisiert das Kreuz. Und der Berg über dem dritten Engel identifiziert den Geist Gottes. Berge sind in der alttestamentlichen Sprache Orte der spirituellen Begegnung mit Gott (siehe z. B. Ps 121,1f).

Die drei Engel sitzen um einen Tisch, der deutlich als Opfertisch identifiziert ist. Auf dem Tisch steht ein Opferbecher mit dem Kopf eines Lammes. Ein deutlicher Hinweis auf das Lamm Gottes, das sein Leben gibt für die Sünden der Menschheit (Phil 2,5–11). Es fällt nicht schwer, im Bild das eucharistische Mahl zu entdecken. Die drei sitzen um den Abendmahlstisch und unterhalten sich über das Opfermahl. Und das Opfer sind sie selbst. Die von Rublew gewählte Komposition unterstreicht diesen Gedanken deutlich. Die beiden Seitenengel scheinen mit ihrem Körper (Knie) den Tisch zu heben, auf dem der Becher steht. Der Tisch wiederum umschließt den zentralen Engel. Sie unterhalten sich und das Gespräch konzentriert sich auf das Opfer. Die Botschaft der Ikone ist unmissverständlich: Das Werk der Erlösung ist ein

Werk der Dreieinigkeit. Die Zentralität des Opfers Jesu in diesem Werk ist nur zu begreifen aus der Totalität des Opfers Gottes.

Die Gesten der drei Engel unterstützen eine solche Lesart. So zeigt die Handbewegung des linken Engels auf den Opferbecher, worauf der zentrale Engel mit einer leichten zustimmenden Neigung seines Kopfes zu ihm sein Einverständnis gibt. Der Betrachter kann es fast hören, wie er sagt: „Nicht mein Wille soll geschehen, sondern deiner" (Mt 26,39). Und der rechte Engel ist als Zeuge dargestellt, als Tröster, der jederzeit dem Gehorsamen beizustehen bereit ist. Dabei leuchten die drei Figuren aus ihrem Inneren heraus. Der Maler hat das Licht so angeordnet, dass die drei Figuren den Rest des Bildes ausleuchten. Eine faszinierende Leistung!

Die drei Engel sind gleich gestaltet. Eine wie auch immer dargestellte Hierarchie fehlt dem Bild völlig. Die drei sind wesensmäßig eins und die Unterordnung ist gegenseitig. Diese Einheit wird auch durch die zyklische Bewegung, den perfekten Kreis, den die drei Körper bilden, unterstrichen. Es wird deutlich: Wer den einen verstehen will, der muss den anderen ansehen, und wer den anderen gesehen hat, der wird nicht umhin können, den Dritten sehen zu müssen.

Diese innere Einheit ist dargestellt in erstaunlicher Diversität der drei Figuren. Sie unterscheiden sich wesentlich voneinander in Kleidung, Körperform und Position. Die drei sind nicht einfach ein Spiegelbild voneinander. Ihre Aufgaben sind verschieden, ihre Rollen nicht zu verwechseln. Sie haben die gleiche Mission, sie sind total konzentriert auf die Erlösung, aber ihre Ämter scheinen sich deutlich voneinander zu unterscheiden. Und doch, was immer sie tun, es scheint den anderen und seinen Dienst zu unterstützen und zugleich der gemeinsamen Zielsetzung zu dienen. Der Betrachter ist unfreiwillig in eine Art Rotation hineingenommen, in eine Art Rundtanz. Er kann sich den dreien nur über den Einzelnen und dem Einzelnen über die drei nähern. Genau das meinte Johannes von Damaskus, als er die Dreieinigkeit als *Perichoresis* beschrieb.

Die zyklische Bewegung im Bild kreist den Betrachter ein. Sein Blick wird, wo immer er auch beginnen mag, am Ende auf dem Tisch und dem Opferbecher landen. Das ist es, was der Maler seinen Betrachter sehen lassen will. Darüber reden seine drei Figuren. Ihr Gespräch ist in ikonografischer Momentaufnahme eingefroren. Und wieder wird deutlich: Das, was sie da reden, ist nicht nur ein Wort, es ist *das Wort*. Und sie sind das Wort. Ihr Akt der Selbstaufopferung ist das Wort. Unwillkürlich muss der Bibelkenner an dieser Stelle an den Johannesprolog denken. Die menschlichen Gesichter der drei Figuren unterstreichen diesen Effekt noch. Hier ist das Wort Gottes Mensch geworden, der Betrachter kann nun Gottes Herrlichkeit sehen.

Rublew hat sich wohl bewusst für seine Farbenwahl entschieden. Die Ikone ist in einer Blende zwischen tiefem Blau und dunkelrot gemalt. Das lässt den Eindruck entstehen, dass das Licht buchstäblich aus der Ikone herausscheint. Die Idee hierzu scheint von den Hesychasten entnommen, deren Lehren sich sowohl St. Sergius als auch der Maler Rublew verpflichtet wussten. Danach bedarf es dieser Begegnung zwischen dem gläubigen Menschen und dem *taborischen* Licht, wie es die drei Jünger auf dem Berg der Transfiguration, der Verwandlung, erlebt hatten, um effektiv in die Welt gehen zu können. Rublew will also mit seiner Ikone mehr als nur einen Platz der Anbetung schaffen. Die Dreieinigkeit zu verstehen, bedeutet für ihn offensichtlich eine individuelle Transformation, das Beseeltwerden vom transfigurativen Licht aus der Höhe, das Verwandeltwerden in sein Ebenbild. Nichts weniger als das erwarteten die Hesychasten. *Theosis,* die Wiederherstellung der verlorenen Ebenbildlichkeit, war ihr Ziel. Und genau das scheint Rublew sagen zu wollen – wer sich der Dreieinigkeit nähert, der wird verwandelt in sein Bild.

Wie gesagt, das Bild kreist den Betrachter förmlich ein und konzentriert ihn auf das Opferlamm. Aber dann, dem Licht des Bildes folgend, wird er gezwungen, aus dem Bild zu steigen. Die umgekehrte Perspektive, die den Betrachter hinter den Altar stellte, verschwindet und der Betrachter muss zurück vor den Altar, da, wo all jene Menschen auf ihn warten, die das Licht der Dreieinigkeit noch nicht erfahren haben.

Spätestens hier wird klar, wie tief der Maler Rublew seinem Meister St. Sergius verpflichtet ist. Sein Bild ist zutiefst missional. Die göttliche Liturgie, die der Betrachter erleben darf, führt ihn hinaus in den Lebensalltag und der Alltag wird zur Liturgie nach der Liturgie. Der im Angesicht der Dreieinigkeit Transformierte wird zum Agenten der Transformation; der von der Trinität Erleuchtete wird zum Licht im Dunkel der Welt.

Gottesdienst ist somit die Teilnahme des Menschen am inneren Leben der Dreieinigkeit. Er findet im Allerheiligsten statt. Der Gottesdienstbesucher ist weit mehr als ein bloßer Betrachter, der Gott bei seinem Dienst zusieht. Er wird vielmehr ins Innere geladen. Er darf das Herz Gottes spüren und sich von diesem Herzen erleuchten lassen. Grafisch gesehen kann dieses perichoretische Denken als Zyklus wie folgt dargestellt werden.

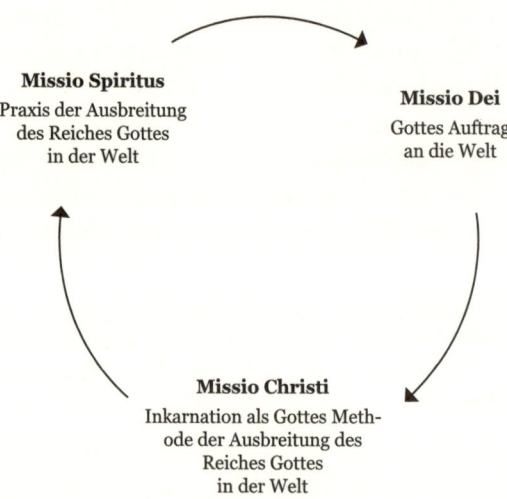

Abbildung 2: Perichoresis als Rahmenbedingung einer Theologie der Gemeinde und ihres Gottesdienstes.

Was bedeutet nun das Gesagte für die Theologie des Gottesdienstes im Einzelnen? Folgen wir einmal bewusst dem Zyklus der Bewegungen, wie sie uns der russische Ikonenmaler vorgezeichnet hat. Fangen wir mit Gott dem Vater an und folgen dann über den Sohn zum Geist und dann wiederum zum Vater. Lassen wir uns auf die Dynamik intellektuell und noch mehr: geistlich ein. Was sehen wir dann? Wir werden Gottesdienst im Angesicht des Höchsten sehen.

2.4.1 Missio Dei: Gott lädt ein

Was ist Gottesdienst? Was ist Gottesdienst aus der Perspektive der Trinität? Nun, zuallererst ist der Gottesdienst, biblisch gesehen, eine Veranstaltung, zu der Gott einlädt. Es ist seine Sache. Er ist der Gastgeber. „In der ganzen Bibel war der Gottesdienst vor allem für Gott da" (Kuen 1998:2). Ein guter christlicher Gottesdienst beginnt im Namen des Vaters, des Sohnes und des Heiligen Geistes. Die Gemeinde wird von ihm und für ihn versammelt. Er ist ihr Baumeister und ihr Herr. Unmissverständlich macht das NT klar, wer der eigentliche Eigentümer der Gemeinde ist. Paulus bringt es im Kontext der innerlich zerrissenen Gemeinde zu Korinth deutlich zum Ausdruck. Da mögen die unterschiedlichen Parteiungen wie immer laut behaupten, es sei ihre Gemeinde. Die Wahrheit ist – die Gemeinde ist Gottes Bau (1Kor 3,9). Menschen werden zwar berufen, an ihrer Gründung und ihrem Aufbau als Mitarbeiter mitzuhelfen, aber sie gehört allein Gott. Er ist es, der sie will und letztendlich schafft. Zu Timotheus schreibt Paulus in 1Tim 3,14f:

> *„Solches schreibe ich dir und hoffe bald zu dir zu kommen; wenn es sich aber verzögert, dass du wissest, wie man wandeln soll in dem Hause Gottes, welches ist die Gemeinde des lebendigen Gottes, ein Pfeiler und eine Grundfeste der Wahrheit."*

Die Gemeinde ist also Gottes Wohnstatt und Haus (Eph 2,22). Darum ist er auch der Hausvater der Hausgenossen (Eph 2,19). Sie ist seine Gemeinde, sein Eigentum, für ihn ausgesondert, heilig und daher unantastbar (1Kor 3,16f). Und wenn seine Gemeinde zusammenkommt, dann kommt sie zusammen, weil er einlädt.

Gottesdienst ist Gott-zentriert. In seinem Zentrum steht die *Missio Dei*. Deshalb können weder Menschen und ihre Anliegen noch die persönlichen Ambitionen einzelner Menschen den Gottesdienst inhaltlich bestimmen. Sobald das geschieht, wird der Gottesdienst seiner inhaltlichen Besonderheit beraubt und zur bloßen sozialen Zusammenkunft degradiert. Martin Luther war so von der Gottzentriertheit des evangelischen Gottesdienstes überzeugt, dass er das Wort oft getrennt schrieb, eben *Gottes Dienst* (Henning 2003:56).

Klar und deutlich wird dieser Gedanke in der Orthodoxie zum Ausdruck gebracht. Hier wird Gottesdienst als eucharistische Feier am Throne Gottes gesehen. Die Liturgie ist eine göttliche Liturgie. Nicht vergängliche Werte stehen im Mittelpunkt, sondern ewige. Der Himmel kommt unter die Menschen, wenn diese sich zum Gottesdienst versammeln. Gott feiert seinen Sieg über die Mächte der Finsternis und die Gottesfürchtigen sind eingeladen, an dieser Feier teilzunehmen. Diese Feier ist eschatologischer Natur. Sie geschieht im souveränen Wissen Gottes, dass seine Absichten, sein Ratschluss, also die *Missio Dei*, zum Zug kommt. So wird der Gottesdienst zu einer missionarischen Aussendungsfeier, in der die *Missio* zur unbedingten *Actio Dei* drängt (Reimer 1998:113f).

Gott ist also allem voran der Handelnde im Gottesdienst. Er ist es, der uns Menschen „den Gottesdienst schenkt" (Paquier, zitiert nach Kuen 1998:6). Alles, was den Gottesdienst wesensmäßig ausmacht, muss daher von Gott her gedacht werden. Im Gottesdienst werden nicht menschliche Ambitionen verwirklicht, hier wird nicht eine Quelle religiöser Spiritualität aufgemacht. Im Gottesdienst geht es um Gottes Absichten und Mission. Daher kann der evangelische Gottesdienst auch immer nur als missionaler Gottesdienst gesehen und gedacht werden. Daher gilt es zu fragen, was Gottes Absicht und seine Mission in dieser Welt ist.

Warum kommt Gott zu uns Menschen herab? Was ist sein Anliegen? Was will er uns im Allerheiligen sagen? Geht es Gott um sich selbst? Sucht er unsere Anbetung um seiner selbst willen? Ist er jener Tyrann, der ohne die wohltuende Energie des Lobpreises der viel Schwächeren nicht leben kann? Natürlich nicht. Die Dreieinigkeit ist um den Opfertisch versammelt. Gott geht es um die Welt, und um seine geliebte Welt zu retten, gibt er sich selbst hin. Gott will retten und Gott rettet, weil Jesus sein Leben dahin gab – das ist die befreiende Botschaft. Das ist das Evangelium.

Wo immer die Gemeinde Jesu zusammen kommt, um sich dem Herzen Gottes zu nähern, wird sie die drei Personen Gottes am Opfertisch sehen. Gottesdienst ist Gottes Einladung zum Evangelium für die Welt. Gerade hier liegen die Gefahren der Gottesdiensttheoretiker. Allzu oft vermittelt man in der entsprechenden Literatur den Eindruck, dass Gottesdienst und Gemeindeaufbau das eigentliche Anliegen Gottes ist. Aber Gott hat sein Volk in dieser Welt nicht zum Selbstzweck. Sein missionarisches Interesse ist die Welt und nicht die Kirche. Das eigentliche Problem der Kirche heute besteht in der Tatsache, dass sie ihre Mission vergessen hat (Carey 1995:25f). Das eigentliche Problem des evangelischen Gottesdienstes heute liegt in seiner Missionslosigkeit. Die Welt ist Gottes Ziel. Sie will er erreichen! Und wenn er seine Gemeinde zum Gottesdienst einlädt, dann geht es ihm um die verlorene Welt.

Der evangelische Gottesdienst, recht gedacht, ist also missionaler Gottesdienst. Seine Tagesordnung wird nicht von der Gemeinde, sondern von Gott selbst gesetzt und er setzt sie angesichts der verlorenen Welt.

Wenn Gott uns Menschen also zum Gottesdienst einlädt, dann tut er das aus Liebe. Die Liebe Gottes ist das wichtigste und alles transzendierende Moment des evangelischen Gottesdienstes. Der hier den Menschen entgegen tritt – liebt sie. Er will Begegnung. Er sucht das Gespräch. Er möchte Gemeinschaft. Und er will sie, weil sein Herz für uns Menschen, für seine Welt schlägt. Was das in der Praxis bedeutet, können nur Menschen ermessen, die von Gott selbst geladen wurden, die diese Einladung des Herrn gehört und wahrgenommen haben. Solange wir uns nur von Menschen, von Traditionen, von unserer Religiosität dazu bewegen lassen, den sonntäglichen Gottesdienst zu besuchen, wird der Gottesdienst nicht mehr als eine mehr oder weniger langweilige Veranstaltung sein. Erst wenn *er* ruft und wir seinen Ruf vernehmen und ihm folgen, ändert sich die Perspektive. Wir gelangen ins Innere. Wir hören auf, nur Betrachter zu sein, wir gewinnen seine Perspektive und werden erleuchtet. Ohne Gottes Ruf zum Gottesdienst verhallen alle Gottesdienst-Appelle ins Leere. Und warum ruft Gott nicht? Warum ruft er so selten? Er ruft. Wir hören nur so schlecht. Seine Stimme ist sanft und wer sein Angesicht sucht, wird Gott finden.

2.4.2 Missio Christi: Gott dient

Was ist Gottesdienst? Mit dem Bild der Trinität vor Augen, ist Gottesdienst eine Erfahrung vor dem Opferaltar. Es ist, was das Wort besagt – Gottes Dienst an Menschen. „Im Gottesdienst sind wir von Gott fasziniert und erhalten das Recht, sein Leben zu leben", schreibt M. Perry (Kuen 1998:7). Willi Beck bringt diese Tatsache markant auf den Punkt: Im Gottesdienst geht Gott auf die Knie (Beck 2007:52). Er veranschaulicht diesen Satz mit der Fußwaschungsszene aus Joh 13. Hier dient Jesus seinen Jüngern, womit er seiner göttlichen Sendung absolut gerecht wird. Denn, so sagt er über sich selbst, „der Menschensohn ist nicht gekommen, um bedient zu werden, sondern um zu dienen" (Mk 10,45). Jesus ist der Brennpunkt des Dienstes Gottes an den Menschen. Er erniedrigte sich selbst in einer *kenotischen* Aktion der Liebe (Reimer 1998:110f), wurde Mensch, um so den Menschen Gottes Herrlichkeit anschaulich zu machen. Als sich Petrus verständlicherweise gegen die Absicht Jesu wendet, ihm die Füße zu waschen, antwortet Jesus: „Wenn ich dich nicht wasche, hast du keine Gemeinschaft mit mir" (Joh 13,8). Petrus erkennt die Fatalität seiner Weigerung und willigt ein: „Herr, nicht nur die Füße, sondern auch die Hände und den Kopf" (Joh 13,9). So Beck:

> *Der Herr wäscht seinen Jüngern den Dreck von der Straße ab und dient ihnen zum Leben. Er behandelt Füße, die müde sind vom langen Suchen, Warten, nicht abgeholt zu werden. Jesus wäscht Füße, die ein Leben von Gott weggetragen haben, gottlose Wege gegangen sind und in denen der Staub von Verletzungen und Enttäuschungen, von Schuld und Versagen haftet. Jesus reinigt seine Jünger vom Dreck ihrer Ichsucht mitsamt deren Folgen. Hier findet eine Demonstration der Liebe im*

*Kniefall vor den Schülern mit Wasser und Schürze ihren beein-
druckenden Ausdruck* (Beck 2007:50f).

Man kann die Tragweite dieses Ereignisses erst ermessen, wenn
man selbst durch eine ähnliche Erfahrung gegangen ist. Ich selbst
komme nicht aus einer Tradition, die die Fußwaschung praktiziert. Mein erstes Fußwaschungserlebnis hatte ich während
meines Studiums in den USA. Das Seminar in Kalifornien, wo ich
studierte, pflegte in regelmäßigen Abständen in der wöchentlichen
Andacht eine Fußwaschung durchzuführen. Dabei schrieb jeder
Teilnehmer der Andacht seinen Namen auf ein Blatt Papier. Die
Zettel wurden in einer Schüssel kräftig durchgemischt, dann zog
jeder einen Zettel und wusch dieser Person die Füße. Ich kam gut
mit den meisten meiner Lehrer und Kommilitonen aus. Mit einer
einzigen Ausnahme: Linda. Sie war immer mürrisch, ungepflegt,
dick, unordentlich. Betrat sie den Raum, dann überkam mich oft
Ekel allein durch ihren Körpergeruch. Und jetzt hatte ich ausgerechnet ihren Namen gewählt! Ihr sollte ich die Füße waschen.
Am liebsten wäre ich aus dem Raum gelaufen. Aber den Mut dazu
brachte ich nicht auf. Also kniete ich vor dieser Frau und wusch
ihre Füße. Ich hatte kaum angefangen, da sprach der Herr zu mir:
„Meinst du ich kniete vor angenehmeren Typen, als ich Petrus
und den anderen die Füße wusch? Ich habe meinen Jüngern die
Füße gewaschen, weil ich sie liebe. Und ich liebe auch dich. Und
Linda. Dich ekelt es, weil es dir an Liebe mangelt. Wenn du Linda
die Füße in meinem Namen waschen willst, dann brauchst du
meine Liebe zu ihr." Diese Worte trafen mich schwer. Ich fing an
zu weinen. Und dann bat ich Linda um Entschuldigung. Sie hatte
meine Kälte nicht verdient. Etwas Erstaunliches passierte. Mein
Ekel ihr gegenüber verschwand. Und ich empfand auch keinen
Geruch mehr. Ich wusch Linda die Füße und bald entwickelte sich
eine enge Freundschaft zwischen ihr und ihrem Mann und uns,
meiner Frau und mir.

Gott dient den Menschen, indem er ihnen Jesus gibt (Joh 3,16).
Und er tut das aus Liebe zu den Menschen. Seine Liebe ist das
Gestaltungsprinzip seiner Beziehung zu den Menschen. Nichts
charakterisiert die Mission Jesu mehr und besser als die Liebe in

dienender Aktion. Die *Missio Christi* ist seine heilige Dienstme-
thode. Durch sie verwirklicht er seinen missionarischen Plan. Sein
Leben ist in diesem Sinne Gottesdienst.

Gott baut also seine Gemeinde selbst und er tut das durch sein
Wort. Dieses Wort aber ist Christus (Joh 1,1ff). Er ist der Bauherr.
Er ist als Sohn über das Haus Gottes gesetzt (Hebr 3,1–6). Jesus
selbst kündigt in seinem Wort an Petrus an, dass er die Gemeinde
bauen will: „Du bist Petrus und auf diesem Stein will ich meine
Gemeinde bauen" (Mt 16,18f). Es fällt auf, dass er sie auf Petrus,
dem Stein, der sein Apostel ist, bilden will. Dass dabei nicht Petrus
selbst, sondern Christus das eigentliche Fundament ist, wird in
1Petr 2,1–10 oder 1Kor 3,10f deutlich. Petrus ist hier nicht das
Fundament, sondern eher derjenige, der das Fundament benennt,
beschreibt, verkündigt. Nicht auf Petrus wird gebaut, sondern auf
dem, den Petrus verkündigt – Christus. Auf Christus kommt es
nun beim Bau der Gemeinde entscheidend an. Nichts kann an
ihm vorbei werden, wenn es um Gemeinde geht. Ist doch allein in
ihm Heil (Apg 4,12), allein in ihm Leben (Joh 1,12; 2Kor 5,17). Der
Gottesdienst als die eigentliche Mitte der Gemeinde, das Ereignis,
durch das Gemeinde konstituiert wird, muss deshalb von Christus
her entwickelt werden.

Gottes Methode und Gottes Modell, seine Mission in der Welt
zu verwirklichen, ist Jesus! In ihm versöhnt er die Welt mit sich
selbst (2Kor 5,18). Es ist kein Name unter der Sonne, durch den das
Heil den Menschen zuteil wird, außer seines Namens (Apg 4,12).
Wer also nach der Methode des Wirkens Gottes in der Welt sucht,
der wird bei Jesus und nur hier fündig. Jesus fasst seinen Missionsbefehl an die Jünger in Joh 20,21 in recht einfache Worte.
Er sagt: „So, wie der Vater mich gesandt hat, so sende ich euch."
Damit beschreibt er sowohl eine inhaltliche als auch methodische
Festlegung. Was Jesus verkündigte und wie er es tat, ist damit
gemeint. Jesus ist also das missionarische Modell für seinen Leib
– die Gemeinde. Und damit auch für den Gottesdienst dieser
Gemeinde.

Und womit begann seine Mission? Sie begann mit der Inkarnation, mit der Fleischwerdung in die Lebenswelt der Menschen

hinein (Joh 1,1–12). Hier, in seiner Fleischwerdung, sehen die Autoren des NT das eigentliche Zentrum seiner Mission. Es ist der „focal point of missio dei" (Murray 2001:42). Gottes Heilswort und Heilskonzept ist Jesus (Hebr 1,1). Jesus ist für seine Zuhörer zunächst und vor allem Mensch – ein Mensch wie sie, ein Jude, der unter ihnen lebte (Joh 1,14), der ein vitales Interesse an ihrem gesellschaftlichen Leben zeigte, der allen ihren Versuchungen ausgesetzt war, jedoch im Gegensatz zu ihnen ohne Sünde blieb (Hebr 4,15). In der Geschichte wird Jesus als Jesus von Nazareth bekannt. Seine humane Authentizität wird dadurch sichtbar. Er ist wahrer Mensch, weil Maria und Josef[23] seine Eltern sind und Nazareth seine geografische Heimat. Seine Inkarnation ist also eine Fleischwerdung in ein konkretes sozio-kulturelles Milieu. Gott macht also seine Heilsabsicht durch die Inkarnation Jesu deutlich und diese findet im vollen Sinne des Wortes lokal statt. Wollen wir die volle Tragweite des Inkarnationsprinzips des göttlichen Heilshandelns begreifen, so kommen wir nicht umhin, die lokale, sprich sozio-kulturelle Bindung dieses Prinzips näher zu studieren. Inkarnation als Heilshandeln muss damit immer im konkreten kulturellen Umfeld gedacht werden.

Einige Beispiele aus dem Leben Jesu verdeutlichen das. Da ist sein erstes großes Wunder: Jesus verwandelt Wasser in Wein auf der Hochzeit zu Kana (Joh 2). Auf den ersten Blick mag dieses Ereignis nicht viel besagen. Doch blickt man tiefer, sieht man, wie stark Jesus daran interessiert ist, dass den betroffenen Menschen in ihrer gesellschaftlichen Not geholfen werde. Es ist sein erstes Wunder. Zum ersten Mal ist er, der Wunder wirken kann, in der Öffentlichkeit. Zum ersten Mal werden seine Jünger die übernatürliche Kraft ihres Meisters erleben. Seine Herrlichkeit wird sich ihnen offenbaren. Und sicher wird er sein erstes Wunder nicht an Belanglosigkeiten verschwenden.

Der erste Ton bestimmt die Melodie. Erst recht, wenn die Musik von einem solchen Meister wie dem Sohn Gottes bestellt wird! Und dann ist da das Wunder. Aus Wasser wird Wein. Und das nur, um die bereits recht erheiterte Gesellschaft nicht in Schwierigkeiten zu bringen. Wen wundert's da, dass sich sogar der Zeremonienmeister wundert? Einen so guten Wein serviert man doch nicht zu solch später Stunde! Aber Jesus tut es! Er sorgt sich um die menschlichen Belange seiner Leute und dann wird seine Herrlichkeit sichtbar.

Und die anderen großen Taten des Meisters? Seine Heilungen, seine Totenauferweckungen und die Speisung der Fünftausend. Wie ein roter Faden lässt sich durch all diese Geschichten das soziale Interesse Jesu erkennen. Nein, er predigt nicht nur – er predigt und handelt (Lk 9,11). Seine guten Worte sind immer wieder unterstrichen durch gute Taten (Apg 10,36–38). Und als er seine Jünger aussandte, das Reich Gottes zu verkündigen, befahl er ihnen, zu predigen und zu heilen, zu verkündigen und zu befreien (Lk 9,2). Im Dienst Jesu gehörten Worte und Taten zusammen. Seine Mission war, Gottes Herrlichkeit zu offenbaren. Das tat er, indem er sprach und demonstrierte.

Dabei ging es ihm nicht in erster Linie um solche Menschen, die ihm von vornherein zujubelten. In der Tat erhielt er von vielen Menschen, die er geheilt hatte, nicht einmal ein Wort des Dankes. Ihm ging es darum, Gottes Gegenwart zu demonstrieren. Wo er hinkam, da erschien das Reich Gottes mit ihm! Der Dienst, den er an den Menschen tat, war seine Berufung. „Nicht die Gesunden, sondern die Kranken bedürfen eines Arztes", pflegte er zu sagen (Lk 5,31). Der Menschen Sohn ist nicht gekommen, um bedient zu werden, sondern um zu dienen.

Gott begegnet dem Menschen im Mensch Jesus von Nazareth. Wer Gott in Zukunft suchen wird, wird ihn im Menschen Jesus finden (Joh 1,18; 14,9)! Theologisch bedeutet das, dass alle Theologie letztendlich christologisch festgelegt ist. Was wir über Gott und sein Werk auf Erden sagen, sagen wir durch das Wesen und Werk Christi. Im Christusereignis finden wir Christen unseren Referenzpunkt für unser Wissen und Leben, Theorie und Praxis, Theologie und Strukturen. Und das gilt auch und vor allem für unser Gemeindeverständnis. Das Wesen und die Mission der Gemeinde Jesu müssen christologisch begründet und verstanden werden. Niemand hat diese Tatsache besser begriffen als der Apostel Paulus. Seine Bereitschaft, sich an die Kultur seines

Gegenübers anzupassen, also den Griechen ein Grieche und den Juden ein Jude zu werden, ist durch die Erkenntnis getragen, dass er so einige von ihnen für Christus gewinne (1Kor 9,19–21). Die Inkulturation ist hier soteriologisch motiviert. Das Wort wird Fleisch, damit die Menschen Gottes Herrlichkeit sehen und zur Erkenntnis der Wahrheit kommen. Wer Christus nachfolgen will, der wird Paulus folgen dürfen.

Die Implikationen des theologischen Konzeptes der Inkarnation für die Gemeinde und ihr gottesdienstliches Leben sind vielfältig. Ist doch die Gemeinde selbst der Leib Christi. Das heißt, in ihr findet die Fleischwerdung des Wortes statt. Das inkarnatorische Wesen der Gemeinde enthebt sie der Beliebigkeit ihrer Inhalte und Formen. Sie kann somit niemals ganz von dieser Welt sein. Wäre sie es und würde sie sich total mit der Welt, in der sie existiert, identifizieren, so hätte sie keine Botschaft mehr. Sie wäre überflüssig. Auf der anderen Seite ist eine Gemeinde, die dieser Welt enthoben ist, die nicht „in der Welt" lebt, eine Gemeinde, die nicht verstanden werden kann. Und so bleibt sie, egal wie laut nun ihre Stimme erschallen mag, ohne Gehör. Das Prinzip der Inkarnation verlangt nach einer Gemeinde, die in der Welt und doch nicht von der Welt ist (Joh 17,13). Sie ist anders als die Welt und doch nicht von ihr losgelöst. Oder wie Murray es treffend sagt: Sie ist „distinctive but not disconnected", andersartig, aber nicht beziehungslos (Murray 2001:45).

Gemeinde in der Welt, die sich anschickt, für diese Welt eine göttliche Botschaft zu haben, ist auf jeden Fall eine kontextualisierte Gemeinschaft. Sie verkündigt das Evangelium im Kontext. Und die Mittel der Verkündigung entstammen der Kultur selbst. So wird das Evangelium nicht importiert, sondern inkarniert. Das hat für die Praxis des Gemeindebaus und ganz speziell die Praxis des Gottesdienstes vielfältige Konsequenzen.

2.4.2.1 Gottesdienst – verständlich und kulturell relevant

Das inkarnatorische Wesen der Gemeinde ermöglicht es ihr, das Evangelium in eine gegebene Kultur zu bringen, ohne den betroffenen Menschen die kulturellen Grundlagen zu nehmen, die ihnen Sinn und Bedeutung ihres Daseins vermitteln (Frost 2003:37). David J. Bosch hat in seinem monumentalen Werk zur Mission die unterschiedlichen historischen Missions-Paradigmen untersucht und festgestellt, dass die Gemeinde Jesu eine erstaunliche Flexibilität und Anpassungsfähigkeit an die philosophischen und ideologischen Gegebenheiten der jeweiligen Epoche aufweist. Seine Folgerung ist bezeichnend. Er schreibt:

> *„Es sollte uns nicht beunruhigen, dass der christliche Glaube in den unterschiedlichen Epochen immer wieder in neuen und recht unterschiedlichen Formen verstanden und erfahren wurde. Der christliche Glaube ist intrinsisch inkarnatorisch"* [Übersetzung J. R.].[24]

Beunruhigen sollte uns dagegen die Tatsache, dass die Gemeinde in den Jahrhunderten ihrer Geschichte immer wieder versucht hat, am inkarnatorischen Prinzip vorbei Mission und Gemeindebau zu betreiben. Dass sie dabei scheiterte, ist verständlich. Entspricht doch eine monokulturelle Festlegung der Gemeinde nicht dem Wesen dessen, was das NT unter dem Leib Christi verstanden hat.

Auf die Praxis des missionalen Gottesdienstes bezogen, bedeutet das ein Zweifaches:

a) Der Gottesdienst orientiert sich von seinem Inhalt her an der Offenbarung des Willens Gottes und nicht an erster Stelle an den Bedürfnissen der Menschen. Es gilt, den transzendenten Charakter des Gottesdienstes zu wahren. Christlicher Gottesdienst ist zunächst einmal nicht von dieser Welt. Es ist eine göttliche Liturgie und Gott selbst bestimmt ihren Inhalt! Wo im Gottesdienst nicht mehr Gott erwartet wird, verliert der Gottesdienst seine Bestimmung.

b) Der Gottesdienst orientiert sich in seinen Formen, seiner Sprache und Gestalt an der Kultur der Menschen, die zur Ehre Gottes versammelt werden. Er soll vor allem verständlich sein. Und Elemente, die eine solche Verständlichkeit infrage stellen, müssen anderen weichen. Eindrücklich zeigt Paulus die Tragweite dieses Prinzips in seiner Forderung an die Gemeinde in Korinth, keine unkontrollierte und unübersetzte Zungenrede zuzulassen

(1Kor 14,1ff). Und die Verständlichkeit wird hier am Ungläubigen festgemacht. Er soll verstehen, was im Gottesdienst vor sich geht. Nicht die Gläubigen, sondern die Ungläubigen setzen den Maßstab für Verständlichkeit. Damit sind jedem Versuch, den christlichen Gottesdienst als subkulturelle Veranstaltung einer Gruppe frommer Menschen zu sehen, deutliche Grenzen gesetzt. Missionaler Gottesdienst will den Menschen in der Welt Gottes liebende Nähe deutlich machen.

2.4.2.2 Gottesdienst – menschen- und lebensnah

Das inkarnatorische Wesen der Gemeinde verlangt von der Mission der Gemeinde ein bewusstes Eingehen auf die Lebenswelt derer, die man mit dem Evangelium erreichen will. Jesus hat sich mit den Menschen, zu denen er kam, identifiziert. Paulus tat das Gleiche. Und die Gemeinde Jesu ist angewiesen, die Gesinnung zu haben, die in Christus war (Phil 2,5ff). Er entäußerte sich selbst, wurde Mensch, um den Menschen Gott zu offenbaren. In der *kenosis* Christi liegt die Kraft und der Erfolg seiner Mission. Die Mission der Gemeinde, die sich der gleichen Gesinnung stellt, wird daher nicht ohne diese Identifikation mit dem Adressaten auskommen. Die in der orthodoxen Missiologie ausformulierte Vorstellung von der Mission als kenotische Aktion muss neu entdeckt und gelehrt werden (Reimer 2003:51f). Freilich kann es bei der Identifikation mit den Menschen, unter denen wir Gemeinde bauen, nicht nur um die Armen dieser Welt gehen, wie es zuweilen von der Befreiungstheologie gefordert wird, sondern um jede Gruppe von Menschen. Identifikation setzt Kenntnis der Kultur und die Bereitschaft zur Inkulturation voraus. Geschieht diese nicht, so ist die Gefahr groß, dass man kulturelle Expansion statt missionarischer Durchdringung einer Kultur betreibt. Das Ergebnis liegt auf der Hand. Gemeinden, die nicht kontextsensitiv gebaut werden, bleiben ein Fremdelement in der Kultur. Der Erfolg solcher Gemeindegründung ist in der Regel kurzatmig. Frost und Hirsch (2003:38) stellen mit Recht fest:

> *„Der kurzfristige Erfolg weicht bald vor einer langfristigen Ineffektivität, was uns dazu veranlasst zu glauben, dass alle*

nicht inkarnatorischen missionarischen Bemühungen am Ende selbstzerstörend sind."

Für die Praxis des missionalen Gottesdienstes bedeutet das:

a) Der Kontext setzt die Parameter eines an der *Missio Christi* orientierten Gottesdienstes. Es ist eine Veranstaltung im Rahmen der vorgegebenen Kultur. Sie nutzt die materiellen und sozialen Gegebenheiten und gewinnt von hier ihre soziale Gestalt. Recht verstandener Gottesdienst der christlichen Gemeinde ist somit immer ein kontextualisierter Gottesdienst. Nur so kann er für die Menschen verständlich werden.

b) Aber der Gottesdienst übernimmt nicht nur Formen eines Kontextes. Er orientiert sich an den Menschen und ihren Bedürfnissen. Er nimmt also die Herausforderungen der Lebenswelt der Menschen ernst und greift sie auf. Somit wird der Gottesdienst nicht nur verständlich, sondern auch attraktiv für seine Besucher.

2.4.2.3 Gottesdienst – lokal verortet

Das inkarnatorische Wesen der Gemeinde impliziert die Ortsgebundenheit der Gemeinde. Hierbei geht es im wahrsten Sinne des Wortes um die materielle Präsenz der Gemeinde in der Mitte der Menschen, die sie erreichen will. Den Griechen ein Grieche zu werden, bedeutet für Paulus weit mehr als nur die Übernahme der griechischen Sprache als Kommunikationsmittel des Evangeliums. Es implizierte seine materielle Präsenz in den griechischen Städten, die Auseinandersetzung mit den Themen der Menschen in diesen Gebieten. Nicht von ungefähr gebraucht er den höchst politischen Begriff *ekklesia* für die Bezeichnung dessen, was er unter Gemeinde versteht. Sie ist die zur Verantwortung für alle Lebensbelange der Menschen vor Ort herangezogene Gemeinschaft der Vollbürger. Wie keine andere Institution der Gesellschaft ist sie für die Lebensfähigkeit der Menschen in den Räumen, wo sie existiert, vor Gott verantwortlich. Gemeinde kann daher auch immer nur inmitten der Menschen, für die sie gebaut wird, entstehen. Eine Gemeinde für Menschen in Sindelfingen, in der sich vor allem Böblinger treffen, ist so undenkbar.

Auf den Gottesdienst bezogen bedeutet das, dass der Gottesdienst der christlichen Gemeinde nie generisch abzuhalten ist. Er ist eine Versammlung von Menschen vor Ort und wird daher immer einen eigenen Ortscharakter finden müssen. Das kann sowohl Formen als auch Inhalte, Sprache als auch Melodie der Lieder angehen. Eine allgemeingültige Liturgie des Gottesdienstes kann es im missionalen Gemeindebau nicht geben.

2.4.2.4 Gottesdienst – missional und dialogisch

Das inkarnatorische Wesen der Gemeinde setzt voraus, dass die Gemeinde sich als Gesandte versteht. Inkarnation kann nur gedacht werden, wenn man den Prozess der Verwandlung mitdenkt. Man war früher anders als das, was man nun wird. Man spricht daher auch von der neutestamentlichen Mission der Gemeinde als zentrifugaler versus zentripetaler Aktion. Eine inkarnatorische Gemeinde lebt in der Geh-, nicht in der Komm-Struktur. Sie geht zu den Menschen, sie sucht ihre Gestalt unter den Menschen, statt zu warten, dass die Menschen sich zu ihr begeben.

Gottesdienst einer Gemeinde, die unterwegs zu den Menschen ist, wird sich schlecht an rigide Formen binden können. Er ist in Form und Inhalt dynamisch und sucht prinzipiell das Gespräch, den Dialog zwischen Gott und Menschen.

Christlicher Gottesdienst als Mitte der Gemeinde muss christozentrisch sein. Der Spruch, der in manchem freikirchlichen Gemeindehaus den Altarraum schmückt: „Wir aber predigen Christus", ist nicht nur angebracht, sondern hat zentrale Bedeutung für das biblische Gottesdienstverständnis.

2.4.3 Missio Spiritu – Gott führt

Gemeinde gibt es seit Pfingsten. Die Ankunft des Heiligen Geistes in Jerusalem (Apg 2,1ff) markiert ihre Geburtsstunde. Der Geist ist es, der die Gemeinde Jesu baut! In keiner Frage sind sich die neutestamentlichen Autoren so einig wie in dieser. David Ewert formuliert deutlich: „Durch den Geist ist die Gemeinde gegründet und durch den Geist wird sie erhalten" (Ewert 1983:201). Es verwundert daher, wie wenig die Rolle des Heiligen Geistes in ekklesiologischen Entwürfen zum NT berücksichtigt wird.[25] Auch in systematisch-theologischen Entwürfen zum Thema Gemeinde kommt dem Heiligen Geist eine eher untergeordnete Rolle zu.[26] Dabei wäre eher Emil Brunner zu folgen, der seine Ausführungen zur Lehre von der Kirche mit der Korrelation „Kirche und Geist" beginnt (Brunner 1964ff). Die Rolle des Heiligen Geistes in der Verwirklichung der Mission Gottes in der Welt und im speziellen im Aufbau der Gemeinde Jesu in der Welt, muss daher neu bedacht werden.[27] J. Howard Marshall hat recht, wenn er vor der einseitigen Darstellung dieser Rolle warnt, und nach einer Theologie verlangt, die ihre

> *„Aufmerksamkeit auf die Rolle des Heiligen Geistes in Befähigung und Leitung der Gemeinde in der Mission und Wachstum lenkt"* (Marshall 2004:36).

Es ist durch den Heiligen Geist, dass Menschen an Jesus glauben (1Kor. 12,3). Es ist durch den Geist, dass die Jünger Jesu in den einen Leib Christi getauft werden (1Kor 12,13). Durch ihn erhalten sie ihre Gaben (1Kor. 12,4) und damit ihre Dienstanweisung (1Kor 12,5). Sie sind die Gemeinschaft des Geistes, Gottes Haus, in dem der Geist Gottes lebt (1Kor 3,16), ein „geistliches Haus" (1Petr 2,5). Die Gemeinde wird demnach zu Gottes Tempel (1Kor 6,19), in dem der Geist Gottes in ihr seine Wohnung bezieht (1Kor 3,16).

Das Werden und das Werk der Gemeinde sind unzertrennbar mit dem Geist Gottes verbunden. Er ist ihr Herr auf Erden (2Kor 3,17). Die Vision Gottes wird durch den Geist, entsprechend der vom Sohn Gottes gesetzten methodischen Rahmenbedingungen, in der Praxis verwirklicht. Er ist Gottes Hand, der seine Absichten verwirklicht.[28]

Eine Theologie des Gemeindebaus kann ohne Klärung der Beziehung zwischen Geist und Gemeinde nicht auskommen. Wenn der Geist die Gemeinde baut, dann hat die Gemeinde zu wissen, wann, wodurch und in welcher Art und Weise der Geist Gottes die Gemeinde baut. Und wenn der Gottesdienst die Mitte der Gemeinde bestimmt, dann ist unbedingt zu klären, wie der Geist Gottes den Gottesdienst seiner Gemeinde formt. Was ist also die Rolle des Heiligen Geistes im Aufbau der Gemeinde und ihres Gottesdienstes?

Die Geschichte des Heiligen Geistes mit und in der Gemeinde beginnt mit der Verheißung Jesu Christi, seine Jünger nach seinem Weggehen nicht allein zu lassen. Der Vater würde ihnen den Tröster, den Parakleten senden, der sie alles lehren und sie an alles erinnern würde, was er, Jesus, ihnen gesagt habe (Joh 14,26). Er, der Tröster, wird sie, seine Jünger, in die ganze Wahrheit leiten (Joh 16,13). Und dieser Geist ist es, der die Welt überzeugen wird von der Sünde, der Gerechtigkeit und dem Gericht (Joh 16,8). Die Jünger sollten nach seiner Himmelfahrt Jerusalem nicht verlassen, sondern auf das Kommen des Geistes warten, und dann, wenn er gekommen ist, würden sie seine Zeugen werden bis an das Ende der Welt (Apg 1,8).

Die Verheißung Jesu ging in Erfüllung. Seit Pfingsten ist das Schicksal der Jesusnachfolger untrennbar verbunden mit dem Geist Gottes. Paulus bringt es markant auf den Punkt: „Niemand kann Jesus einen Herrn nennen, außer durch den Heiligen Geist" (1Kor 12,3). Wer Jesus nachfolgen will, der wird eine Beziehung zum Geist Gottes eingehen müssen. Ferdinand Hahn schreibt:

> *Im NT wird einheitlich bezeugt, dass in nachösterlicher Zeit der Geist unter den Glaubenden wirkt. In dieser Gestalt geht die Heilsverwirklichung, die mit Jesu Person und Botschaft begonnen hat, weiter. Das Offenbarungshandeln Gottes in der Geschichte Jesu Christi setzt sich fort als Offenbarungsgeschehen durch den Heiligen Geist, der von Gott oder dem erhöhten Jesus Christus ausgeht und Heil stiftet* (Hahn 2002:274).

Der Geist Gottes steht am „Ausgangspunkt des Glaubens" (Fee 2005:129). Wer Gottes Gemeinschaft begehrt, der wird neu geboren werden müssen (Joh 3,5). Und diese Wiedergeburt ist ein Bad des Heiligen Geistes (Tit 3,5). Nur Menschen, die vom Heiligen Geist überführt, erneuert und versiegelt worden sind (Eph 1,13f), die den Geist Gottes „haben" (Röm 8,9), sind fähig, in der Kraft und Herrlichkeit des Vaters zu leben. Denn es ist der Geist Gottes, der gekommen ist, die Mission Jesu zu verwirklichen (Joh 16,7). Clowney bringt es auf den Punkt, wenn er schreibt: „Der Geist führt uns nicht weiter als Christus, sondern zu Christus" (Clowney

1995:51). Ohne Geist Gottes kann es keine Beziehung zu Christus geben. Und ohne diese Beziehung kein Verhältnis zum Vater.

„Denn alle, die durch den Geist Gottes geleitet werden, die sind Söhne Gottes. Denn ihr habt nicht einen Geist der Knechtschaft empfangen, dass ihr euch wiederum fürchten müsstet, sondern ihr habt den Geist der Sohnschaft empfangen, durch den wir rufen: Abba, Vater! Der Geist selbst gibt Zeugnis unserem Geist, dass wir Gottes Kinder sind" (Röm 8,14–16).

Die Gemeinde Jesu ist die Gemeinschaft der durch Jesus Erlösten Kinder Gottes und diese Erlösung wird ihnen dank der Wirksamkeit des Geistes Gottes zuteil. Diese Erkenntnis hat entscheidende Konsequenzen für eine Theologie des Gemeindebaus und, konsequenterweise, für eine Theologie des Gottesdienstes.

2.4.3.1 Der Gottesdienst als Raum des Wirkens des Geistes

Gemeindebau setzt die Wirksamkeit des Heiligen Geistes voraus. Er überführt Menschen von ihrer Sünde, von der Gerechtigkeit und dem Gericht Gottes. Ohne Geisteswirken gibt es keinen Glauben in der Welt. Gemeindebau setzt demnach die Bekehrung der Menschen aus der Welt ohne Gott in die Gemeinschaft mit Gott voraus. Es ist der Geist Gottes, der bekehrt. Und wo der Geist Gottes bekehrt, da wird die Welt überzeugt von ihrer Sünde, von der Gerechtigkeit und dem Gericht Gottes.

Gemeindebau ohne diese Basisverkündigung ist unmöglich. Und konsequenterweise ist dann auch der Gottesdienst als Mitte der Gemeinde undenkbar. Bietet doch gerade der Gottesdienst den Heilsraum, in dem es zu der Begegnung zwischen Gott und Mensch kommen kann und soll. Der Gottesdienst ist der Raum der Begegnung zwischen Gott und Mensch. Hier redet Gott zum Menschen. Und weil er es durch den Geist tut, muss der Gottesdienst als Dienst des Heiligen Geistes qualifiziert werden. Missionaler Gottesdienst kann daher nur als geistgeführter Gottesdienst gedacht werden.

Gemeindebau ist nur mit Menschen möglich, die vom Heiligen Geist zum Glauben an Christus geführt worden und zu einem neuen Leben wiedergeboren sind. Es geht hier in der Tat um den

Aufbau eines geistlichen Hauses aus lebendigen Steinen. Nur wo man Gemeinde aus wiedergeborenen Menschen baut, kann man auch von Gemeinde reden. Und wiedergeboren werden Menschen durch den Heiligen Geist (Tit 3,5). Er bewirkt die Umkehr der Menschen, er öffnet ihnen die Augen und er führt sie zum Glauben an den Erlöser, den Herrn Jesus Christus.

Die soziale Gestalt der Gemeinde setzt somit eine geistliche, spirituelle Geistes-Wirklichkeit voraus. Wo diese nicht vorhanden ist, ist Gemeinde nicht mehr als ein Verein mit gemeinsamen religiösen Interessen. Und der Gottesdienst einer solchen geistlichen Gemeinde wird ein geistlicher sein müssen. Nichts wird an einem solchen Gottesdienst deutlicher auffallen müssen als die Präsenz des Heiligen Geistes.

2.4.3.2 Der Gottesdienst als Ort, an dem Gemeinde geistlich ihre Gestalt gewinnt

Gemeinde Jesu entstand an Pfingsten, Gottes Volk dagegen nicht. Gott hatte sich in Israel ein Volk erwählt. Dieses wurde untreu und degradierte zu einem Nicht-Volk (Hos 1,9). Deshalb erwarteten die Propheten die Wiederherstellung Israels als neues eschatologisches Volk, dessen Ermöglichung sie mit dem Kommen des Heiligen Geistes verbanden (Vgl. Jes 32,15; 44,3; Hes 11,19; 36,26f; 37,14; Joel 3,1f). Konsequent erklärt Petrus den erstaunten Juden aus den Völkern das Pfingstereignis als Erfüllung der Verheißung, die Gott den Propheten gegeben hatte. Und er ruft sie auf, Buße zu tun und sich taufen zu lassen (Apg 2,37f). Menschen, die seinem Ruf folgen, erfahren den Geist und werden der Gemeinde hinzugetan.

Die Gemeinde entsteht in der Gegenwart des Geistes Gottes, so auch Lohfink (1982:96). Sie entsteht aus allen Völkern. Jeder Partikularismus ist aufgehoben und jede Volksreligiosität für beendet erklärt. Der Jüngerkreis Jesu formiert sich hier neu. Kamen sie alle aus den Juden, so werden sie nun über die Grenzen ihres Volkes zu den Nationen gesandt (Apg 1,8). Durch das Pfingstereignis findet der Jüngerkreis seine globale messianische Identität (Roloff 1993:63f).

Er, der Geist, ist es, der geistliches Leben schafft und Menschen in den „Leib Christi", die neue Struktur des Volkes Gottes auf Erden, einbaut (1Kor 12,13). Was Jesus Christus verkörpert und gelehrt hat, das wird jetzt unter den Menschen dieser Welt gelebte Wirklichkeit. Durch den Geist wird die Gemeinschaft der Nachfolger Christi – Gemeinde, der Leib Christi, zum Lob seiner Herrlichkeit (Eph 1,3ff).

Der Heilige Geist baut die Christusgemeinde. Eine Gemeinde, die „nicht dieser Welt entstammt" (Joh. 17,17ff). Sie wird als spirituelle Größe aufgebaut. Und doch hat dieses geistliche Gebilde eine konkrete soziale Gestalt. Menschen, die zum Glauben an Christus kommen, werden zum „Tempel des Heiligen Geistes" (1Kor 6,19). Er ist es, der in ihnen wohnt. Zusammen aber bilden sie den „Tempel Gottes" (1Kor 3,16), in dem der Geist wohnt. Dabei ist es unwesentlich, welcher Abstammung die Menschen sind. Ob Jude oder Heide, sie werden „durch den einen Geist" zu einer neuen Volks-Einheit zusammengestellt (Eph 2,18). Und diese Einheit wird als somatisch, als organisches Kollektiv begriffen.

Die Gemeinde des Geistes ist ein Organismus, ein Gebäude, das aus lebendigen Steinen besteht. Sie ist der Leib Christi (1Kor 12,13; Eph 1,23 u. a.). Nichts an ihr kann sich daher an der Vision und am Lebensbeispiel Jesu vorbei entwickeln. Wie er war, wie er sprach und lebte, so wird sie durch den Geist gestaltet, geführt und eingesetzt. Und wie er im Menschen Jesus seine Konkretion erfuhr, so finden sie als lokale, verortete *ekklesia* ihre soziale Gestalt. Ja, sie ist universal, global, weltumfassend, aber als sichtbarer Ausdruck ist sie allem voran lokale Ortsgemeinde.

Jeder Mensch, der Christus sucht und findet, ist in ihr willkommen. Der Christ findet in ihr seinen Platz. Und die Platzanweisung nimmt der Geist Gottes vor, der dem einzelnen Glied Gaben gibt, die seinen Dienst bestimmen (1Kor 12,4–6). Und da, wo die Gabe in rechter Weise in der Aufgabe ihre Verwirklichung findet, entsteht Kraft Gottes. So baut der Geist über seine begabte Gemeinde das Reich Gottes in der Welt.

Für die Theologie eines Gottesdienstes, der sich als Mitte der Gemeinde versteht, bedeutet das:

a) Gemeindebau ist eine Sache des Heiligen Geistes, und so auch der Gottesdienst. Wer Gemeinde will, der muss den Geist Gottes wollen. Und wer Gottesdienst will, der wird nicht umhin können, sich auf das Wirken des Heiligen Geistes einlassen zu müssen. Er ist der Schöpfer der Gemeinde und der Gestalter des Gottesdienstes. Der missionale Gottesdienst ist sein Werk!

b) Gemeindebau ist eine geistliche Angelegenheit. Das bedeutet allerdings nicht, dass sie jede Gestalt vermissen lässt. Das Umgekehrte ist der Fall: Wo der Geist Gottes baut, da entsteht der Bau Gottes, da wird das „Wort aufgerichtet". Die Gemeinde des Geistes hat eine konkrete soziale Gestalt. Und so ist ihr Gottesdienst. Nichts wäre so falsch wie ein Gottesdienst, in dem jede Ordnung fehlt. Nicht von ungefähr formuliert Paulus sein berühmtes Wort von Gott, der kein Gott der Unordnung ist, im Zusammenhang mit seiner Rede über den Gottesdienst (1Kor 14,33).

c) Gemeindebau ist eine Sache der Verherrlichung Christi. Der Geist Gottes baut den Leib Christi in der Welt. Es geht immer nur darum, dem Wort des Christus Gestalt zu verleihen. Die Gemeinde des Geistes ist deutlich als Christusgemeinde qualifiziert. Und wo diese zusammenkommt, da wird Christus geehrt und gepriesen. Da geht es um das Wort Christi. Dieses wird in einer Gemeinde des Geistes reichlich unter den Christen wohnen.

d) Gemeindebau ist eine charismatische Angelegenheit. Der Geist baut seine Gemeinde dadurch, dass er Menschen unterschiedlich begabt und sie somit zu einer funktionalen Einheit zusammenfügt. Wer Gemeinde bauen will, der kann das nur durch bewussten Einsatz der Charismen des Geistes. Konsequenterweise ist der Gottesdienst einer vom Geist geleiteten Gemeinde keine liturgische Veranstaltung, die von einigen Wenigen für viele gestaltet wird. Paulus schreibt in 1Kor 12,26:

> „Wie ist es nun, ihr Brüder? Wenn ihr zusammenkommt, so hat jeder von euch etwas: einen Psalm, eine Lehre, eine Sprachenrede, eine Offenbarung, eine Auslegung. Alles lasst zur Erbauung geschehen."

Im paulinischen Gottesdienst war offensichtlich Raum für jeden Christen Gott und den anderen mit der Gabe zu dienen, die man vom Geist Gottes zugeteilt bekommen hat.

2.4.3.3 Der Gottesdienst als Ort der Mission des Geistes

„Wo der Geist Gottes wirkt, geht es um das Zeugnis in der Welt, die vollmächtige Verkündigung des Evangeliums" (Hahn 2002:280). Jesus selbst macht das deutlich, als er den Jüngern anträgt, nach seiner Himmelfahrt in Jerusalem auf die Verheißung des Heiligen Geistes zu warten.

„Ihr werdet die Kraft des Heiligen Geistes empfangen und werdet meine Zeugen sein in Jerusalem, und Judäa, und Samarien, und bis an das Ende der Welt" (Apg 1,8).

Die Gemeinde entsteht an Pfingsten und sie entsteht als Zeugengemeinschaft. Sie ist von ihrer Geburt an gesandte Gemeinschaft.

Die Bedeutung des Heiligen Geistes für die Mission der Jünger wird auch durch die Sendung und Geistvermittlung Jesu selbst an seine Jünger unterstrichen. In Joh 20,21f sendet der Auferstandene seine Jünger, „wie der Vater mich gesandt hat". Er haucht sie an und übergibt ihnen seinen Geist. Wo immer Jünger Jesu nun sich in der Mission engagieren, wird ihr Ausweis nicht Rhetorik, sondern, wie beim Apostel Paulus „Geist und Kraft sein" (1Kor 2,4). Christen sind Diener des neuen Bundes, „nicht des Buchstabens, sondern des Geistes" (2Kor 3,6). Und er, der Geist Gottes, ist der Herr der Gemeinde im Dienste des Reiches Gottes. Und wo der Geist ist, da ist Freiheit (2Kor 3,17).

Der Geist Gottes kann von der Gemeinde nur als Geist der Mission empfangen werden. Und wo er empfangen wird, da geschieht Mission. Eine Erfahrung, die sich durchgehend im NT nachweisen lässt, wie Harry Boer in seiner Studie zu Mission im NT zeigt (Boer 1961:109f).

Was bedeutet das für eine Theologie des missionalen Gemeindegottesdienstes?

Gemeindebau kann nur in missionarischer Absicht erfolgen. Die Kirche des Heiligen Geistes ist eine missionarische Kirche, oder sie ist keine Kirche. Konsequenterweise kann es keinen vom

Geist Gottes geführten Gottesdienst geben, der sich nicht an der Mission ausrichten würde. Der vom Heiligen Geist inspirierte und geführte Gottesdienst ist per Definition missionarisch.

Was immer die versammelte Gemeinde in ihrem Gottesdienst praktiziert, sie muss sich der Tatsache bewusst bleiben, dass Fremde kommen können, und deren Reaktion auf das Geschehen im Gottesdienst wird dann zum Kriterium des Einsatzes der einen oder anderen Gabe. Für die Korinther macht Paulus das deutlich, indem er das Zungenreden im Gottesdienst kritisiert. Und zwar nicht, weil die Gläubigen selbst wenig davon verstehen würden, sondern weil die Fremden und Unkundigen im Gottesdienst die Zungenrede als dummes Geschwafel missverstehen müssen (1Kor 14,23). Um dieser Menschen willen soll die Gemeinde auf diese Praxis verzichten. Der missionarische Kontext, in dem der Gottesdienst stattfindet, bestimmt also wesentlich die Gestalt des Gottesdienstes, in dem der Heilige Geist das Sagen hat.

2.4.4 Gottesdienst als missionale Aktion des dreieinigen Gottes

Gemeindebau ist Gottes Missionswerk in der Welt. Er geschieht, weil es Gott um die Welt geht. Sie will er retten. Es geht um seine Königsherrschaft in der Welt. Nicht mehr und nicht weniger! Und er, Gott, ist der eigentliche Missionar. In ihm finden wir Grund, Ziel, Mittel und Methoden zur Verwirklichung dieser Mission. Somit ist der Gemeindebau im Prinzip als eine missionale Angelegenheit beschrieben. So verstanden, ist Gemeindebau eine extern fokussierte, auf die Welt bezogene Aktion. Die Gemeinde des dreieinigen Gottes kann ausschließlich gesellschaftsrelevant gebaut werden. Würde sie es nicht, so verliert sie ihre eigentliche missionarische Bestimmung und hört auf, das zu sein, was sie eigentlich sein möchte – Gemeinde Gottes.

Im Rahmen dieses missionalen Konzeptes findet der Gottesdienst seinen gebührenden Platz. In ihm ist der dreieinige Gott am wirken. Hier verwirklicht er seinen missionarischen Ratschluss. Wie der Gemeindebau insgesamt, so ist auch der Gottesdienst auf eine Welt bezogen, die ihren Blick von Gott abgewendet hat, eine Welt, in der ein anderer herrscht, der sich „Fürst dieser Welt nennt" (Eph 2,1). Eine Welt voller Widerspruch und Gefahr. Um diese Welt zu retten – darum kommt die Gemeinde in ihren Gottesdiensten zusammen. Rolf Hille fasst diese Tatsache in folgenden Worten zusammen: „Im Gottesdienst dient Gott dem Menschen sowohl durch leibhaftige, inkarnatorische Zuwendung als auch durch die inspirierende Gegenwart seines Geistes, die den Verstehenshorizont des Menschen umfasst, erfüllt und erleuchtet."[29]

Anmerkungen

8 Zitiert nach Hahn 2004:19.

9 Eine recht gute Übersicht zum Wesen und den unterschiedlichen religiösen Spielarten des Gottesdienstes findet sich bei: http://de.wikipedia.org/wiki/Gottesdienst.

10 Einen schönen Überblick zu den unterschiedlichsten Formen des Gottesdienstes weltweit bietet der von Charles E. Farhadian herausgegebene Band „Christian Worship Worldwide" (2007).

11 Vgl. z. B. Sorg 1977:63.

12 Ibd.

13 Siehe weitere Ausführungen zum Thema bei Ryken (2005:328ff).

14 Der Begriff fehlt auch in den nicht-paulinischen Briefen, so in den Petrusbriefen, in 1. und 2. Johannes, Judas, sowie im 2. Timotheus und Titus.

15 Was allerdings nicht bedeuten kann, dass es in einer geographischen Lokalität nur jeweils eine Ortsgemeinde zu denken war. Siehe zu solchen Vorstellungen die Ausführungen von Riesner (1978:42).

16 Ähnlich heißt es in 1Thess 5,15: „Seht zu, dass keinem dem anderen Böses mit Böses vergelte, sondern jagt allezeit dem Guten nach untereinander und gegen jedermann."

17 Harvey M. Conn (1997:72f) verlangt in diesem Zusammenhang, dass alle strategische Überlegungen zum Thema Gemeindegründung „God-centered in focus" und „Christ-centered in orientation" sein müssen.

18 Zum Hintergrund und zur theologischen Bedeutung der Ikone siehe Reimer (2009).

19 Zu byzantinischer Ikonografie siehe Bychkov (1977).

20 Demina (1972).

21 Unübertroffen beschreibt Florenski (1972) den orthodoxen Gottesdienst und die Bedeutung des Ikonostas, den Innenraum des Altars und die Heiligkeit, die der orthodoxe Gläubige diesem Raum zumisst. Es ist undenkbar für einen einfachen Gläubigen, diesen Raum zu betreten.

22 Zu Dionysius siehe Müller (1997).

23 Was nicht bedeutet, dass Josef sein leiblicher Vater ist. Er ist es nicht und doch unterstellt sich Jesus seiner väterlichen Autorität. Nirgendwo lässt sich im NT eine Rebellion Jesu gegen sein Vaterhaus feststellen. Vielmehr sehen ihn die Leute in Nazareth als Sohn von Maria und Josef.

24 Bosch 1991:190f: „It should not bother us that, during the epoch under discussion, the Christian faith was perceived and experienced in new and different ways. The Christian faith is intrinsically incarnational."

25 Leonhard Goppelt in seiner Theologie des NT (1978) lässt die Frage nach der Beziehung zwischen Geist und Gemeinde ganz fallen. Werner Georg Kümmel (1976:278–285) behandelt die Frage nur im Zusammenhang mit der johanneischen Christusbotschaft. Wilckens (2005:139) erblickt im lukanischen Doppelwerk eine trinitarische Grundstruktur in der von Lukas erzählten Heilsgeschichte. Einen deutlichen Hinweis auf entsprechende Konsequenzen für die Gemeindelehre fehlen aber auch bei ihm. Schnabel würdigt in seinem monumentalen Werk zur „Urchristlichen Mission" (2002) die Rolle des Heiligen Geistes nur in Nebensätzen. Klaiber (1982:204ff) behandelt die Frage nach dem Geist in seiner Charismenlehre. Ganz anders dagegen Hahn in seiner Theologie des NT (2002). Er widmet der Rolle des Heiligen Geistes ein ganzes Kapitel (Band II:262–288) und Fee (2005) gar eine ganze Monographie.

26 Siehe hierzu z. B. das sonst lesenswerte Werk von Wright (2006).

27 Escobar (2006:113ff) verweist mit Recht auf den rasanten Erfolg der pentekostalen Mission im 20. Jahrhundert. Die Wiederentdeckung der Rolle des Heiligen Geistes und die bewusste Erfahrung der Kraft des Heiligen Geistes in der Mission scheinen der Mission eine nie dagewesene Ausbreitung beschert zu haben.

28 Grudem (2004:717) schreibt: „Wir haben einen deutlichen Hinweis darauf, dass vom Anbeginn der Schöpfung die Aufgabe des Heiligen Geistes in der Verwirklichung und Unterstützung dessen, was der Gott-Vater beabsichtigt hat ...".

29 Hille 2005:96.

Kapitel 3

Gottesdienst mit Inhalt

3.1 Was findet im Gottesdienst statt?

Der missionale Gottesdienst ist ein Raum, in dem der dreieinige Gott wirkt, und zwar mit dem Ziel, die von ihm abgefallene Welt für sich zurück zu gewinnen. Es ist ein Gottesdienst im Angesicht der Welt. Diese theologische Klarheit ist unbedingt notwendig, wenn man im nächsten Schritt nach der praktischen Gestalt und Gestaltung des Gottesdienstes fragt.

Im Gottesdienst beschenkt Gott seine Kinder für ein Leben im Alltag, einem Alltag, der durchzogen ist von seinen missionarischen Absichten. Er findet am ersten Tag der Woche statt. So haben es die ersten Christen entschieden. Statt wie die Juden am Ruhetag, dem Sabbat, Gottesdienst zu feiern, kamen sie am ersten Tag der Woche zusammen (Apg 20,7.11). Sie wählten den Tag der Auferstehung, den Tag des Herrn. Er hatte Tod und Hölle besiegt und damit den Anfang für ein neues Leben im Auftrag Gottes gelegt. Er hat „die Gefangenschaft gefangen genommen und den Menschen Gaben gegeben" (Eph 4,10). Und die Gaben sind gegeben zum Dienst (1Kor 12,4–6). Im Gottesdienst beschenkt Gott seine Kinder zum Dienst in seiner Mission. Es ist eine Liturgie vor der Liturgie, wie es die orthodoxen Väter richtig ausdrückten, eine Feier im Vorfeld des missionarischen Dienstes.

Was findet nun in einem solchen Gottesdienst statt? Welche Schwerpunkte und Akzente werden hier gesetzt? Und wer setzt sie? Welche Perspektiven werden eröffnet? Folgende Überlegungen helfen, den Inhalt eines von der Mission Gottes getragenen Gottesdienstes näher zu bestimmen.

3.2 Schwerpunkte und Perspektiven

Im Gottesdienst begegnet Gott den Menschen. Hier öffnet er ihnen den Blick für seine Mission in der Welt. Im Gottesdienst setzt er selbst Akzente, sowohl für die Gemeinde als Ganzes, als auch für den einzelnen Gottesdienstbesucher. Menschen, die in einen solchen Gottesdienst kommen, sollen ein Vierfaches erfahren:

- Gott sehen und erleben, wie Gott ist;

- einander als Menschen erleben, die sich gegenseitig unterstützen und ermutigen können;

- sich selbst als neue, von Gott geliebte Kinder sehen und annehmen;

- Gottes missionarische Sicht für die Welt verstehen und als Auftrag übernehmen.

Damit ergeben sich vier wichtige Schwerpunktsetzungen für den Gottesdienst: Begegnung mit Gott, Begegnung mit den Mitmenschen, Begegnung mit sich selbst und Begegnung mit dem Auftrag Gottes. Aus diesen vier Begegnungsebenen gewinnt der missionale Gottesdienst seine vier Perspektiven: Anbetung, Gemeinschaft, Ermutigung und Erbauung und Mission.

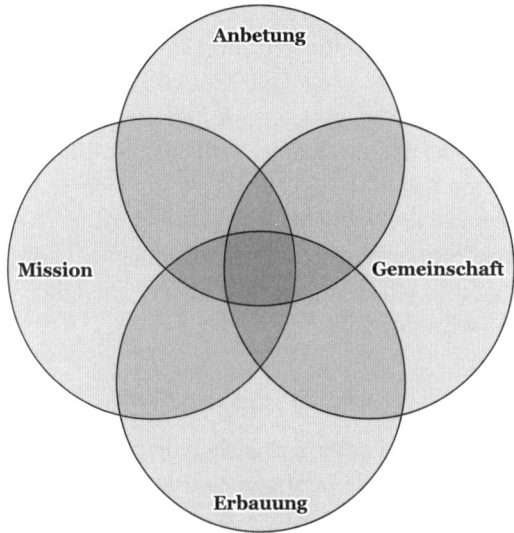

Abbildung 3: Schwerpunkte und Perspektiven des missionalen Gottesdienstes.

3.2.1 Geistliche Perspektive: Befreiung zur Anbetung

Gott hat den Menschen geschaffen zum Lob seiner Herrlichkeit. Wo der Mensch in die Gegenwart Gottes kommt, da kehrt
er zurück zu seiner eigentlichen Berufung, Gott anzubeten. Der
christliche Gottesdienst befreit den Menschen zur Anbetung und
findet in der Anbetung eine seiner wichtigsten Aufgaben. Im Gottesdienst bietet Gott dem bußfertigen Menschen Befreiung aus
der Knechtschaft und Unterdrückung an. Hier wird dem Trau-
ernden Trost zugesprochen, die zerbrochenen Herzen verbunden und Freudenöl statt Asche, Lobgesang statt Trauerkleidern
gegeben (Jes 61,3–4). Die Befreiung mündet in der Doxologie der
Gemeinde, in der Anbetung des erhöhten Herrn. Und der beste
Ausdruck für diese Siegesfeier ist das Abendmahl, die Eucharis-
tie.

3.2.2 Soziale Perspektive: Befreiung zur Gemeinschaft

Im Gottesdienst wird die versammelte Gemeinschaft zu dem, was sie in Christus ist – sein Leib. Deshalb ist auch jeder, der zu dieser Gemeinschaft kommt, angehalten, seine Gabe mitzubringen und mit den anderen zu teilen (1Kor 14,26). Unbegabte Christen kann es am Leib Christi nicht geben. Ein jeder hat seine Gabe erhalten und zwar zum Nutzen aller (1Kor 12,7).

In diesem Sinne versammelten sich die ersten Christen zum Gottesdienst und pflegten Gemeinschaft miteinander. Der Evangelist Lukas schreibt:

> *„Sie blieben aber beständig in der Lehre der Apostel und in der Gemeinschaft und im Brotbrechen und im Gebet"* (Apg 2,42).

Bezeichnend ist dabei das griechische Wort für Gemeinschaft *koinonia*. Es beschreibt die Gemeinschaft der gegenseitigen Anteilnahme. Hier hat jeder zu geben und hier darf jeder nehmen. Niemand hat alles, aber es gibt auch niemanden, der nichts hätte. Denn jeder, der an der Gemeinschaft der von Christus befreiten Kinder Gottes Teil hat, hat nach dem Maß der Gabe Christi Talente erhalten (Eph 4,7), jeder ist von Gott geschaffen „zu Werken, die Gott zuvor bereitet hat, damit wir darin wandeln sollen" (Eph 2,10).

So kann man den christlichen Gottesdienst eigentlich nur als im wahren Sinne des Wortes charismatischen Gottesdienst sehen. Hier erlebt die versammelte Gemeinde den Reichtum der Gaben, wie sie Christus ihren Mitgliedern gegeben hat. Und wer sich in einer solchen Gemeinschaft beschenken ließ, der wird sicher nie mehr darauf verzichten wollen.

3.2.3 Individual-seelsorgerliche Perspektive: Befreiung zur Selbstfindung

Der gemeinschaftliche Charakter des christlichen Gottesdienstes setzt allerdings nicht die individuelle Förderung des Einzelnen außer Acht. Geradezu umgekehrt: Im christlichen Gottesdienst findet Seelsorge am Einzelnen statt. Der Einzelne verliert sich nicht im Universum der Feier des Leibes Christi, vielmehr läuft alles in diesem Leib darauf hin, dass der Einzelne auferbaut wird.

„Alle Gaben im Leib sind gegeben zum Nutzen" (1Kor 12,7), sagt Paulus und verdeutlicht seine Forderung mit dem Bild eines Gottesdienstes, in dem jeder etwas beisteuern kann und wo jeder getröstet und auferbaut wird (1Kor 14,26). Im christlichen Gottesdienst geht es daher immer auch um die Selbstfindung. Hier, wo Menschen wirken, die Gott eingesetzt hat, „die Heiligen zum Werk ihres Dienstes aufzubauen" (Eph 4,11f), erkennt der Einzelne seine ihm oder ihr von Gott gegebenen Gaben und Aufgaben. Hier darf er diese einsetzen und Diensterfahrungen machen, ohne gleich ein Spezialist sein zu müssen. Jeder weiß sich von jedem an die Hand genommen (Eph 4,16), jeder wird wohlwollend beurteilt und begleitet (1Kor 14,26). So gesehen, ist der christliche Gottesdienst ein Raum für persönliches Wachstum.

3.2.4 Missionarische Perspektive: Befreiung zum Dienst und zur Mission

Wahrer christlicher Gottesdienst ist nur im Angesicht der Mission Gottes in der Welt denkbar (Brown 1992:25). Der Apostel Paulus schreibt in Röm 12,1f:

> *„Ich ermahne euch nun, ihr Brüder, angesichts der Barmherzigkeit Gottes, dass ihr eure Leiber darbringt als ein lebendiges, heiliges, Gott wohlgefälliges Opfer: das sei euer vernünftiger Gottesdienst. Und passt euch nicht diesem Weltlauf an, sondern lasst euch in eurem Wesen verwandeln."*

Gottesdienst hat mit der Hingabe des ganzen Menschen zu tun. Und das äußere Zeichen dieser Hingabe ist die Hingabe des Leibes, unserer physischen Präsenz in der Welt. „Gottesdienst soll das Lebensprogramm und Markenzeichen der Christen im Beruf und Alltag werden", so Hille (2006:109).

Es fällt auf, wie anpassungsfähig der christliche Gottesdienst im NT ist. Alfred Kuen schreibt dazu:

> *„Die Gottesdienste, die sich uns im NT darstellen, sind sehr mannigfaltig und zeugen von einer großen Anpassungsfähigkeit an örtliche Bedingungen und Umstände"* (Kuen 1998:2).

Die kulturelle Flexibilität des christlichen Gottesdienstes lässt sich sehr anschaulich in der zweitausendjährigen Geschichte des Christentums verdeutlichen. Jeder Versuch, den Gottesdienst zu vereinheitlichen, ist im Grunde gescheitert. Die „lateinische Messe" wurde früher oder später „gefegt" und es entstanden Formen und Ausdrucksweisen der gottesdienstlichen Gemeinschaft, die die Lebenswelt und die Lebensinhalte der Menschen vor Ort reflektierten. Freilich konnte auch nur so jene erfolgreiche Geschichte der Ausbreitung des Christentums in der Welt geschrieben werden, die das Christentum zur größten Weltreligion werden ließ.

3.3 Die fünf Gaben Gottes

Gott überlässt seine Gemeinde nicht dem Zufall, den Gottesdienst seiner Gemeinde nicht dem Augenblick. Niemals verlangt er von der Gemeinde das Unmögliche, weil er sie immer vorher entsprechend zurüstet und somit das für den Menschen Unmögliche ermöglicht. Der missionale Gottesdienst wird deshalb möglich, weil Gott der Gemeinde Gaben gibt, die einen solchen Gottesdienst erst Wirklichkeit werden lassen. Unmissverständlich macht der Apostel Paulus klar, worauf es ankommt, wenn die Heiligen Gottes zum Werk ihres Dienstes zugerüstet werden sollen. In Eph 4,11f lesen wir:

> „Und er hat einige als Apostel eingesetzt und einige als Propheten, einige als Evangelisten und einige als Hirten und Lehrer, damit die Heiligen zugerüstet werden zum Werk des Dienstes. Dadurch soll der Leib erbaut werden."

Gott legt also selbst Hand an den Gottesdienst an. Und seine Hand ist eine vollkommene Hand, auf der alle fünf Finger ihren Platz haben. Es ist eine starke Hand Gottes.

Der missionale Gottesdienst setzt also den fünffältigen Dienst voraus, der sich im Dienst von Aposteln, Propheten, Evangelisten, Hirten und Lehrern zeigt. Nur da, wo diese Gaben zum Einsatz gelangen, geschieht die Auferbauung des Leibes und dieser beginnt sich gesund zu entwickeln (Eph 4,11–16).

Was bedeutet das für die inhaltliche Gestaltung des Gottesdienstes? Wie wirken sich die Gaben auf die dargestellte Schwerpunktsetzung aus? Welche Rolle spielen Menschen mit der entsprechenden Begabung im Begegnungsraum zwischen Gott und Mensch, den wir Gottesdienst nennen? Folgende Erwägungen könnten weiter helfen.

3.3.1 Der apostolische Akzent – Mission

Die Heiligen werden zum Werk ihres Dienstes in der lokalen Gemeinde durch Menschen zugerüstet, die Gott hierfür in die Gemeinde gesetzt hat (Eph 4,11–12). An erster Stelle nennt der Apostel Paulus den Apostel. Er ist die wichtigste Finger auf der Hand Gottes – der Daumen. Warum wohl? Welche Aufgabe hatte Paulus dem Apostel zugedacht? Wie ist seine Rolle als Leiter der Gemeinde zu verstehen? Und welchen besonderen Akzent bringt der Apostel in den christlichen Gottesdienst ein? Um auf diese Fragen eine entsprechende Antwort zu finden, sollten wir uns den Dienst des Apostels näher ansehen.[30]

Das NT nennt die zwölf Jünger Jesu Apostel. Ihr Dienst ist von herausragender Bedeutung für die Gemeinde Jesu. Sie haben das Fundament der christlichen Lehre gelegt (Eph 2,20). In diesem Sinne setzt man überall da, wo man auf dieses neutestamentliche Fundament zurückgreift, apostolische Akzente. Wo immer die Lehre der Apostel, das NT im Gottesdienst eine zentrale Rolle zugewiesen bekommt, kann man von einem apostolischen Gottesdienst reden. Aber der Dienst des Apostels beschränkt sich im NT nicht auf die Zwölf. Vielmehr kennt das NT eine Reihe von Namen, die ebenfalls Apostel genannt werden. Unter ihnen: Matthias (Apg 1,26), Jakobus (Gal 1,19), Barnabas (Apg 14,3.4.14), Apollos (1Kor 4,6–9), Timotheus (Apg 19,22), Silas/Silvanus (Apg 15,22), Tychikus (2Tim 4,12), Judas (Apg 15,22; 1Thess 2,6), Andronikus (Röm 16,7) und sogar Junia, eine Frau (Röm 16,7).[31] Insgesamt sind es 32 Namen, die *expressis verbis* Apostel genannt werden, so Cannistraci (2001:67). Diese vielen anderen Apostel sind vermutlich nicht gemeint, wenn es um das Fundament des Glaubens geht. Vielmehr haben sie sich an die Lehre der Apostel gehalten. So wie wir heute. In ihrem Dienst müssten andere Aspekte des apostolischen Dienstes unterstrichen werden. Und diese sind es dann auch, die für die Gemeinde heute Bedeutung haben.

Wofür steht Apostel im NT? Der Begriff *apostolos* bezeichnet einen „bevollmächtigten Gesandten", dessen wichtigste Aufgabe die Ausbreitung der Botschaft vom Reich Gottes und damit der Bau der Gemeinde Jesu auf Erden ist. Apostel sind nicht Gemeindebeamte, sondern haben ihr Amt von Christus erhalten, und zwar zum Bau der weltweiten Gemeinde. „Der klassische Vertreter des Apostolats im Neuen Testament ist Paulus", so Rengstorf (1933:438). Über das Leben und den Dienst dieses Apostels, der von sich selbst behauptete, mehr als alle andere gearbeitet zu haben (1Kor 15,10), lassen sich Konturen apostolischen Dienstes rekonstruieren. Danach erscheint der Apostel als Gemeindegründer, als einer, der die Gemeinde „pflanzt" (1Kor 2,6) und sie geistlich „befestigt" (Röm 1,11) und sie dann zur missionarischen Verantwortung erzieht. Er ist vor allem ein Missionar und Missionsstratege.[32]

Begreift man den Dienst des Apostels vor allem als Missionsstratege, der sowohl Motivation zur Mission als auch ihre Verwirklichung im Blick hat, so wird sich seine Mitarbeit im Gottesdienst mit der Mission der Kirche und ihrer Verwirklichung beschäftigen müssen. Die Aufgabe des Apostels ist somit eine missionspädagogische. Er rüstet die Heiligen zu, ihren von Gott gegebenen Auftrag missionarisch umzusetzen.

Wie rüstet der apostolisch begabte Leiter seine Hörer aus? Wie hilft er ihnen, ihr missionarisches Potenzial zu entdecken und strategisch einzusetzen? Wie wird der Gehorsam dem Missionsbefehl Jesu gegenüber vermittelt? Um auf diese Fragen eine Antwort zu finden, sollte man sich die Apostel des NT ansehen, allen voran das Werk des Apostels Paulus. Wie kein anderer fasst er den apostolischen Dienst in 1Kor 3,5–9 treffend zusammen:

> „Was ist denn Apollos? Und was ist Paulus? Diener, durch die ihr gläubig geworden seid und zwar wie der Herr einem jeden gegeben hat. Ich habe gepflanzt, Apollos hat begossen. Gott aber hat das Wachstum gegeben. So ist weder der da pflanzt etwas, noch der da begießt, sondern Gott, der das Wachstum gibt. Der aber pflanzt und der begießt sind eins; jeder aber wird seinen eigenen Lohn empfangen, nach seiner eigenen Arbeit.

Denn Gottes Mitarbeiter sind wir; Gottes Ackerfeld, Gottes Bau seid ihr.

Was tun Apostel? Paulus fasst ihren Dienst mit zwei Begriffen zusammen: *sie pflanzen und sie begießen den Glauben.* Durch sie kommen Menschen zum Glauben und werden Menschen im Glauben fest. David Cannistraci, der sich wie kein anderer mit dem Dienst des Apostels beschäftigt hat, sieht in diesen beiden Begriffen die wichtigsten Eckdaten des apostolischen Dienstes. Er schreibt:

Obwohl die Bibel eine Menge an Persönlichkeiten beschreibt, die Apostel waren, existiert doch eine beeindruckende Übereinstimmung bei dem, was sie taten. Als ihr Ruf sie zu den Juden oder den Griechen leitete, waren ihre grundlegenden Funktionen doch immer dieselben: Apostel sind erfahrene und erfolgreiche Ernteeinnehmer. Ihr Leben ist von der Leidenschaft erfüllt, etwas Neues zu pflanzen und zu begießen, damit Wachstum möglich wird (Cannistraci 2001:111).

Paulus nennt sich und Apollos in 1Kor 3,6–7 einen *ho psyteuon,* einen Pflanzer, und *ho potizon,* einen Begießer. Beides, das Pflanzen und das Begießen, sind für das Wachstum des Glaubens von entscheidender Bedeutung. Beide Begriffe haben eine weite biblische, sowohl alttestamentliche als auch neutestamentliche Tradition[33] in ihrem Bezug auf geistliche Hilfestellung.

Warum geht es aber beim Pflanzen und Begießen des Glaubens konkret? Mit Recht hat man sowohl unter dem Pflanzen als auch unter dem Begießen Dienste vermutet, die mit der Lehre zu tun haben, die dem Gemeindebau dienen soll.[34] Heinz-Dietrich Wendland kommentiert die oben zitierte Stelle aus dem 1.Korintherbrief mit den Worten:

„Der Unterschied zwischen dem Pflanzen und Begießen ist der zwischen der Gründung der Gemeinde durch Paulus und der Fortführung seines Werkes durch Apollos" (Wendland 1976:33).

Im Leben und Dienst des Apostel Paulus lassen sich beide Aspekte sehr genau nachvollziehen. Unermüdlich reiste er durch das Römische Reich, predigte und gründete, pflanzte Gemeinden. Dann blieb er aber auch längere Zeitabschnitte an einem Ort und lehrte, pflegte, „begoss" hier die junge Pflanze der Gemeinde, so z. B. in Antiochien (Apg 11,26), Korinth (Apg 18,11) oder Ephesus (Apg 19,9; 20,31). Und sobald er den Eindruck hatte, die von ihm gegründete Gemeinde könne auf eigenen Beinen stehen, setzte er eine lokale Leitung ein und zog weiter.[35]

Der Apostel ist demnach an der Verkündigung des Evangeliums mit dem Ziel der Gemeindegründung und der Gemeindefestigung für die Sache des Reiches Gottes interessiert.

Die Aufgabe der apostolischen Erziehung der Gemeinde ist also geistliche Reife, die den Sinn des eigenen Daseins darin erblickt, Gottes Reich in der Welt zu fördern, Gemeinden zu bauen und sie wiederum so zu erziehen, dass sie wieder andere Gemeinden gründen. Wo immer Apostel in der Gemeinde und in ihrem Gottesdienst beteiligt werden, sind missionsstrategische und missionspädagogische Akzente zu erwarten. Und wo immer sie fehlen, fehlen auch diese Akzente. Der Apostel ist der kerygmatische Leiter seiner Gemeinde, der die Hauptverantwortung für die missionarische Ausrichtung der Gemeinde und ihres Gottesdienstes trägt. Er ist es, der seine Gemeinde zum Leben in der Mission Gottes bewegt. Deshalb wird eine Gemeinde Räume schaffen müssen, in denen der apostolische Dienst wahrgenommen werden und apostolische Verkündigung geschehen kann.[36]

3.3.2 Der prophetische Akzent – Vision

Laut Eph 4,11 ist es neben dem Apostel der Prophet, den Gott in der Gemeinde eingesetzt hat, damit die Heiligen zu ihrem Dienst zugerüstet werden.[37] Wie sieht die Heilige Schrift das Amt des Propheten? Was tut der Prophet? Welche Rolle kommt ihm im Leben der Gemeinde und im Gottesdienst zu?

Einige Anmerkungen dazu sollen das Bild erhellen. Im AT ist der Prophet[38] ein von Gott berufener Mensch, der von ihm eine Offenbarung bekam sowie den Auftrag, diese öffentlich mitzuteilen (Grudem 1994:13ff). Unter der göttlichen Inspiration erblickte der Prophet im geschichtlichen Ereignis Gottes Handeln und leitete es dann an das gläubige Volk weiter. Erst durch das prophetische Wort werden aus politischen und sozialen Ereignissen theologische Schlüsse gezogen. Würde der Prophet zum Fall Samariens im Jahre 721 vor Christus zum Beispiel schweigen, so könnten daraus auch keine religiösen Schlüsse gezogen werden.[39]

Der Prophet ermöglicht durch sein Wort den Einblick in eine andere, göttliche Perspektive der Dinge und Ereignisse. Dabei wird deutlich, dass es Gott ist, der sozio-politische Ereignisse ermöglicht, ja sie gar steuert. Der Fromme ist gut beraten, sein Leben entsprechend einzurichten, will er nicht vom Zorn des göttlichen Gerichts getroffen werden. So sind Verheißung, Heilsankündigung und Gericht die beiden Spitzen des prophetischen Wortes im AT, immer eingebunden in die konkrete Geschichte. Turner formuliert es so:

> *„Im Ganzen wurde Prophetie verstanden als ein Akt, in dem der Gott Israels seinem Volk seinen unmittelbaren Willen offenbarte"* (Turner 1996:190).

Eine ähnliche Rolle kommt der Prophetie auch im NT zu.[40] Auch hier geht es um die Offenbarung des unmittelbaren Willens Gottes im Leben eines Einzelnen oder der Gemeinde. Da wird missionarisches Personal berufen (Apg 13,1ff), werden Lösungen für schwierige Probleme gefunden (Apg 15,28ff), wird persönliche Führung und Gewissheit im missionarischen Dienst erfahren (Apg 16,6–13; 18,10), vor Naturkatastrophen gewarnt (Apg 11,28) und persönliches Schicksal vorausgesagt (Apg 20,23; 21,4.11). Immer ist dabei die unmittelbare Offenbarung Gottes wichtige Voraussetzung.

Fasst man die Aussagen der Heiligen Schrift über den Propheten und seinen Dienst zusammen, so kann man mit Croucher sagen:

> *„Prophetie ist die direkte Kommunikation von Gott für bestimmte Menschen in einer bestimmten Zeit und einem bestimmten Ort mit einem besonderen Anliegen"* (Croucher 2002:6).

Mittels des prophetischen Wortes gewährt Gott dem Menschen Einsicht in seine Sicht der Dinge, offenbart die wirkliche Sachlage (Apg 11,27ff) und ermutigt und korrigiert ihr Verhalten (1Kor 14,3; 1Tim 1,18). Im prophetischen Wort konkretisiert Gott seinen Willen. Paulus ermahnt die Christen daher, „die Weissagung nicht zu unterlassen" (1Thess 5,20–22).

Wie, wann und in welcher Gestalt geschah das prophetische Wort? Das NT bietet seinem Leser eine Reihe von prophetischen Sprüchen, die sowohl die Intention als auch die sprachliche Gestalt des prophetischen Wortes deutlich machen. Aune (1983:247f/317f) und in seinem Gefolge Turner (1996:204f) benutzen fünf Kategorien, um prophetische Aussprüche im NT zu identifizieren:

1. wird der Spruch auf eine übernatürliche Quelle bezogen;

2. enthält der Spruch eine Vorhersage oder besonderes Wissen;

3. wird der Spruch durch eine Formel eingeleitet oder zusammengefasst, die anderswo in der Schrift als prophetisch gilt;

4. wird der Spruch durch eine Erklärung des Sprechers über seine besondere Inspiration vorqualifiziert;

5. ist der Spruch eher in den Text eingeschoben.

Mit Hilfe dieser Kriterien entdeckt Aune 59 Prophetien, die in den Text des NT aufgenommen worden sind (Aune 1983:441). Diese Prophetien können laut Aune in folgende sechs Kategorien eingeordnet werden:

1. Sprüche der Gewissheit (Apg 18,9; 23,11; 27,23–24; 2Kor 12,9 u. a.);

2. Sprüche mit Vorschriften (Gal 5,21; Apg 13,2; 21,4; 2Thess 3,6 u. a.);

3. Sprüche, die Heil voraussagen (Offb 14,13; 19,9 u. a.);

4. Sprüche der Gerichtsankündigung (Apg 13,9–11; 1Kor 14,37–38);

5. Sprüche der Legitimation (1Kor 12,3) und Selbstempfehlung (Offb 1,8.17);

6. Sprüche mit Vorausschau eschatologischer Ereignisse (Röm 11,25–26; 1Kor 15,51–52; 1Thess 4,16.17).

Dieser Überblick macht deutlich, dass sich das prophetische Wort im NT nicht so sehr durch seine Form oder gar seinen Inhalt, sondern vor allem durch seine Unmittelbarkeit und die Begründung im unmittelbaren Wort Gottes hervorhebt (Aune 1983:338; Turner 1996:205).

Der Prophet ist also gesandt, Gottes Wort in einer konkreten Situation zu sagen. Prophetie, so verstanden, ist die Aktualisierung des Wortes Gottes in der Gegenwart. Der Sinn der prophetischen Rede wird von Paulus in 1Kor 14,3 in dreifacher Weise beschrieben: „Wer aber prophezeit, redet zu den Menschen zur Erbauung und Ermahnung und Tröstung."

Erbauung, *oikodome*, heißt hilfreiche Weisungen zu geben, die der Selbstfindung des Christen dienen, seinen Platz in der Nachfolge Jesu finden helfen. Prophetie ist somit Orientierungshilfe auf dem Weg mit Gott. Ein hervorragendes Beispiel hierfür bieten die unterschiedlichen Stationen und Situationen im Leben des Apostels Paulus. So findet seine Berufung in den missionarischen Dienst als prophetisches Ereignis statt (Apg 13,1ff) und in einer wichtigen Phase seines Lebens wird ihm sein Leidensweg offenbart (Apg 20,23).

Ermahnen, *paraklesis,* meint Korrektur durch Aufdecken der falschen Wege, Strukturen und Gedanken, die sich gegen den Willen Gottes stellen, und der Rückruf auf den Weg der Nachfolge.[41]

Trost, *paramythia,* meint den gnädigen Zuspruch Gottes. Er geschieht, wo neue Perspektiven eröffnet werden, wo man auf die Zukunft hin lernt (1Kor 14,29ff).

Die drei Begriffe zusammen genommen, beschreiben Gottes unmittelbares Eingreifen in das Leben eines Einzelnen oder einer ganzen Gemeinde mit dem Ziel des Aufbaus und geistlichen Wachstums. Durch das prophetische Wort redet der Heilige Geist. Das Unterlassen der Prophetie in der Gemeinde führt die Gemeinde dazu, eine „geistliche Organisation" zu werden, so Küng (1968:433). In dieser ist zwar alles geordnet und funktioniert nach alter Manier, aber der Geist weht nicht mehr, wo und wie er will.

Nach 1Kor 14,29–32 sollen Propheten in der Gemeinde und hier besonders im Gottesdienst zu Wort kommen. Das Auftreten des Propheten im Gottesdienst unterlag besonderer Bestimmungen. Frauen, denen Gott ein prophetisches Wort gab, mussten zum

Beispiel in Korinth ihren Kopf bedecken (1Kor 11,5). Die Propheten sollten nacheinander sprechen. Paulus schreibt (1Kor 14,26f):

> *„Propheten aber lasst zwei oder drei reden, und die anderen*
> *lasst urteilen. Wenn aber einem anderen, der da sitzt, eine*
> *Offenbarung zuteil wird, so schweige der erste. Denn ihr könnt*
> *einer nach dem anderen alle weissagen, damit alle lernen und*
> *getröstet werden."*

Nach der gesprochenen Prophetie musste Raum für eine kritische
Beurteilung gelassen werden. Das prophetische Wort im Gottesdienst war demnach nur möglich, wenn dafür Raum und Rahmen
geschaffen wurde.[42] Folgende Überlegungen fassen das Geschehen
in Korinth zusammen:

- Prophetie wurde gewollt, für notwendig gehalten und
  praktiziert.

- Der Gottesdienst bot genug Zeit und Raum für die
  prophetische Verkündigung.

- Die Prophetie wurde als kollektives Geschehen erlebt.

- Prophetische Worte sollten beurteilt und danach erst
  angenommen werden.

Missionarischer Gemeindeaufbau wagt es, den Glauben zu Menschen zu bringen, die noch im Raum leben, in dem der Fürst dieser
Welt die Oberhoheit hat (Eph 2,1–2). Die Gemeinde wagt sich also
an die Frontlinie. Ihr Kampf ist nicht mehr gegen Fleisch und Blut,
sondern Strukturen und Gestalten des Bösen (Eph 6,12). Nichts
ist in einer solchen Situation dringender als offene Augen, klare
Kenntnis der Lage und das Wissen um die eigene Berufung und
Begabung. Und das erhält die gläubige Gemeinde Jesu durch die
Konkretisierung des Wortes Gottes in ihre unmittelbare Situation
hinein, durch das prophetische Wort. Der Prophet ist der Zeigefinger auf der mächtigen Hand Gottes, mit der er die Gemeinde
leitet. Wo dieser Zeigefinger fehlt, da verliert die Gemeinde ihre
Orientierung.

Man wird daher darauf achten müssen, dass der Gottesdienst
der Gemeinde den Freiraum bietet, in dem Menschen mit der prophetischen Gabe auftreten und ihre Worte geprüft werden können.

So erhalten Einzelne und auch die Gesamtgemeinde die richtige Sicht für ihr missionales Dasein. Missionarische Vision kann nicht auf die prophetische Klarheit verzichten.

3.3.3 Der evangelistische Akzent – Kommunikation

Missionarisch motiviert und prophetisch vorbereitet ist die Gemeinde allerdings noch nicht adäquat vorbereitet zum Werk der Mission. Mission ist Kommunikation des Evangeliums, der Guten Nachricht. Und hierfür steht vor allem der Evangelist mit seiner ausgesprochen kommunikativen Gabe. Nach Eph 4,11 ist auch der Evangelist gesetzt, die Heiligen zum Werk ihres Dienstes vorzubereiten.

Die Bezeichnung „Evangelist" entstammt dem griechischen Wort *euangelion*, zu deutsch *Evangelium*. In der Verbform bedeutet dieses Wort *die Gute Nachricht verkündigen*, es kommt mehr als 50 Mal im NT vor. Das Substantiv *Evangelist* kommt nur drei Mal im NT vor, und zwar in der Liste der von Gott eingesetzten Gaben, die dem Aufbau der Heiligen zum Dienst dienlich sein sollen (Eph 4,11); sodann wird Philippus (Apg 21,8) als Evangelist bezeichnet und Timotheus wird von Paulus ermahnt, „das Werk eines Evangelisten zu tun" (2Tim 4,5).

Am Beispiel des Philippus und des Timotheus wird deutlich, was die Aufgabe der Evangelisten in der Urkirche war:[43] Philippus predigte vom „Reich Gottes und von dem Namen Jesu Christi" (Apg 8,12) und ähnlich war Timotheus ein Mitarbeiter am Evangelium Christi (1Thess 3,2). Als Evangelisten hatten sich beide der Verkündigung des Evangeliums an Menschen, die das Evangelium noch nicht verstanden hatten, gewidmet. Das taten sie sowohl selber, als auch durch die Gemeinde, welche sie zu einem solchen Dienst zu motivieren suchten. Die kurze und prägnante Definition der Internationalen Konferenz für reisende Evangelisten in Amsterdam 1983 bringt diese Vorstellung auf den Punkt: „Ein Evangelist ist jemand, der vom Heiligen Geist die besondere Gabe bekommen hat, das Evangelium zu verkündigen".[44]

Was tut ein Evangelist? Wie erzieht er die Heiligen zum Werk ihres Dienstes? Wie fördert er das missionarische Potenzial der

Gemeinde? Und welche Rolle fällt ihm bei der Gestaltung eines missionalen Gottesdienstes zu?

Der Evangelist ist der Meister des *evangelistischen Wortes*. Er kennt die Gute Nachricht und bringt sie inmitten der versammelten Gemeinde auf den Punkt. Wo Evangelisten am Gottesdienst beteiligt werden, da erhält dieses Wort seinen gebührenden Platz. Was ist das für ein Wort? Das Studium der entsprechenden Begriffe im NT lässt mehrere Vorstellungen zu.[45] Walter Klaiber versucht sich dem neutestamentlichen Begriff vom AT her zu nähern und leitet Evangelisation vom alttestamentlichen Verb *bsr* (pi) ab, wobei er an die Ansage eines frohen Ereignisses und der Heilshilfe Gottes denkt (1990:34). Das Bild vom Friedensboten,[46] der die Heilsbotschaft den Elenden verkündigt, steht hier Pate. In der Tat liegt der Wortstamm *angellos* = *Bote* den neutestamentlichen Begriffen *euangelizesthai, euangelion* zu Grunde. Ein *euangelos* ist der Bote, der eine Siegesnachricht, eine gute Nachricht oder eine frohe Botschaft überbringt. David J. Bosch fasst hierzu zusammen (zitiert nach Müller 1997:151):

> *„Evangelisation und Evangelisierung entstammen dem griechischen Verb euangelizein/euangelizesthai, dessen einfache neutestamentliche Bedeutung in der Proklamation der Inauguration der Herrschaft Gottes in der Person und Dienst Jesu und dem Ruf zur Umkehr und Glauben liegt (Mk 1,15)."*

Evangelisation ist damit als Proklamation der Herrschaft Gottes in Jesus Christus mit dem Ziel der Bekehrung des Ungläubigen zu Gott definieren.[47] Wo das evangelistische Wort gepredigt wird, da wird das Reich Gottes propagiert und werden Menschen zur Umkehr und Glauben gerufen. Freilich ist diese Proklamation immer auch ein weises Reden zur rechten Zeit und am rechten Ort. Der Evangelist erbittet sich ein Ohr der Zuhörer, wie Moody das auszudrücken pflegte. Er weiß, wann man und wie man „recht predigen sollte".[48]

Der missionale Gottesdienst ist an der Proklamation des Reiches Gottes interessiert. Deshalb kommt ein solcher Gottesdienst nicht ohne evangelistische Akzente im Gottesdienst aus. Wer will, dass Menschen das Evangelium hören; wer will, dass sie von ihren gottlosen Wegen umkehren und sich auf den Weg Jesu begeben, der wird evangelistisch werden müssen! Wer erwartet, dass Gemeindeglieder evangelistisch aktiv werden, der wird den Gottesdienst für Evangelisation öffnen. Allerdings bedeutet das auch, dass damit der Gottesdienst zu einem Gottesdienst mit den Fremden wird. Exklusiv und rein für Gläubige können evangelistische Räume nicht gestaltet werden. Sie machen so auch keinen Sinn. Der missionale Gottesdienst ist daher *per definitionem* ein Gottesdienst inmitten der Menschen. Hier wird Gottes Größe im Angesicht der Welt gefeiert.

3.3.4 Der pastorale Akzent – Transformation

Erziehung zur Mission ist auch eine Aufgabe der Seelsorge. Wo das Reich Gottes gepredigt wird und Menschen zur Umkehr gerufen werden, da kann man nicht ohne Zurechtweisung auskommen. Paulus bringt diesen Gedanken auf den Punkt, wenn er den Kolossern schreibt: „Ihn verkündigen wir, indem wir jeden Menschen zurechtweisen" (Kol 1,28). Im Text sind beide Begriffe zusammengeführt – Verkündigung (im Griechischen *katangello*, was so viel wie öffentliche Proklamation bedeutet)[49] und Zurechtweisung (im Griechischen *noutetein* = ein recht schwieriger Begriff, der am besten mit „den Sinn zurechtrücken" übersetzt werden sollte und sich auf die Weisung zu konkreten Umsetzung des Willens Gottes im praktischen Leben bezieht).[50]

Seelsorge in der Gemeinde obliegt dem Hirten. Er ist laut Eph 4,11 eingebunden in die Aufgabe, Gemeindeglieder missional zu erziehen.[51] Er ist es, der die Gemeinde zu einem seelsorgerlichen Miteinander führt, das Paulus mit folgenden Worten beschreibt:

> *„Was euch betrifft, meine Brüder, bin ich überzeugt, dass ihr voller Güte seid, erfüllt mit aller Erkenntnis und fähig, einander zu ermahnen"* (Röm 15,14).

Paulus spricht hier von der ganzen Gemeinde. Für ihn ist Seelsorge daher auch nicht nur eine Sache gewisser Spezialisten in der Gemeinde. Alle Heiligen in der Gemeinde sind dazu aufgerufen, einander zu ermutigen und zu ermahnen (Kol 3,16).[52] Ziemer drückt es in Anlehnung an Dietrich Bonhoeffer treffend aus, wenn er schreibt (2000:122): „Die Gemeinde ist Ort der Liebe und des ‚Füreinanderwirkens', sie ist in diesem Sinne der Leib Christi."

Daneben weiß aber auch Paulus von der besonderen Gabe des Ermahnens (Röm 12,8). Nicht alle Glieder am Leib Christi werden mit einer solchen besonderen Gabe beschenkt und nicht alle sind berufen, den Hirtendienst zu tun (Eph 4,11). Während alle berufen sind, seelsorgerlich miteinander zu leben, sind einige besonders ausgerüstet, Menschen in ihrem Leben zurechtzuweisen. Seelsorge kann ein überaus komplexes Unterfangen sein. Wer Menschen in ihren so unterschiedlichen Lebenswelten zum Leben im Glauben, zur inneren Reife und einer im Wort Gottes verwurzelten Identität anleiten will, der wird sich bald mit der überaus verwinkelten und verschachtelten Innenwelt der menschlichen Seele konfrontiert sehen. Und hier ist „seelsorgerliche Kompetenz" (:182) gefragt.[53] Hier setzt die Aufgabe des Hirten an, Gemeindegliedern die nötige Kompetenz zur Seelsorge zu vermitteln und Freiräume für Seelsorge in der Gemeinde zu schaffen.[54]

Was tut der Hirte? Wie erzieht er seine Gemeindeglieder zur Mission? Wie nutzt er dazu das Potenzial der Gemeinde? Welche Rolle kommt ihm bei der Gestaltung des missionalen Gottesdienstes zu? Folgende Überlegungen sind in diesem Zusammenhang hilfreich.

Der Hirte kennt den Prozess der geistlichen Reife. Seine Aufgabe ist es, Jünger Jesu in diesen Prozess zu stellen und sie darin zu begleiten. Und hierfür bietet der Gottesdienst eine wichtige Gestaltungsfläche. Im Gottesdienst kann und soll seelsorgerlich verkündigt werden (Reimer 2004:123ff). Im Gottesdienst praktizieren Christen *koinonia*, Gemeinschaft im Zeichen gegenseitiger Anteilnahme. Hier kann jeder gehört, gesehen, zurechtgewiesen und auferbaut werden (1Kor 14,26). Damit es nun auch passiert, wird man den Gottesdienst für den Hirten öffnen müssen und Räume schaffen, in denen Seelsorge möglich wird.

3.3.5 *Der lehrhafte Akzent – Verifikation*

Missionarische Erziehung oder auch seelsorgliche Lebenshilfe aus dem Wort Gottes sind nur denkbar, wenn die Gemeinde Jesu festen Grund unter den Füßen hat. Und dieser Grund ist die biblische Lehre (Lk 1,4). Jesus selbst befahl seinen Jüngern, „die Völker zu Jüngern zu machen" und sie zu lehren, alles zu behalten, was er ihnen anbefohlen hatte (Mt 28,18ff). Nicht zuletzt deshalb zeichnete sich die Urgemeinde dadurch aus, dass sie „beständig blieben in der Lehre der Apostel" (Apg 2,42).

Ohne Lehre kann sich geistliches Leben in der Gemeinde nicht entwickeln. Was aber ist unter Lehre zu verstehen? Welche Inhalte sollen vermittelt werden? Geht es hier primär um die Vermittlung von biblischen Normen und Dogmen? Oder geht es vielmehr um Anwendungsrezepte für den schwierigen Lebensalltag der Gläubigen? Die Diskussion über den Platz der Lehre im Gottesdienst und Alltag der Gemeinde ist längst entbrannt.[55]

Zuständig für die Lehrerziehung der Christen ist nach Eph 4,11 der Lehrer. Wer ist damit gemeint und was ist seine Aufgabe? Gangel (1981:37f) verlangt von einem lehrenden Leiter in der Gemeinde vor allem Geisterfüllung. In der Tat ist die Fähigkeit der Vermittlung der biblischen Wahrheiten, wie sie in der Heiligen Schrift niedergelegt wurden, eine Gabe des Heiligen Geistes – die Gabe der Lehre (Röm 12,6f; Eph 4,11; 2Tim 2,2). Nicht jeder Prediger ist somit begabt und damit auch berufen, in der Gemeinde zu lehren. Ist aber jemand dazu berufen, so wird er oder sie sich an Jesus selbst orientieren müssen.

Kein anderer hat den Auftrag des Lehrers so verkörpert wie Jesus selbst. Die Worte des Nikodemus drücken das aus, was heute weitgehend Konsens ist:[56] „Rabbi, du bist ein Lehrer von Gott gekommen" (Joh 3,2f). Wenn wir Menschen lehren sollen, *was* Jesus gelehrt hat, dann heißt das auch, dass wir sie lehren, *wie* Jesus gelehrt hat. Was tat dieser Lehrer, der von Gott kam und damit das göttliche Modell eines Lehrers darstellte?

a) Er legte die Heiligen Schriften aus. Immer wieder zeigen die Evangelisten uns Jesus in der Synagoge die Schrift auslegen. Er tut, was seit Esra der Schriftgelehrte in Israel tat – er erklärt dem Volk den Willen Gottes anhand der Schrift.

b) Er lehrte in Vollmacht. Jesus unterschied sich von den übrigen Gesetzeslehrern seiner Zeit durch seine Vollmacht. Über ihn stellte man erstaunt fest, dass er in „Vollmacht lehrt und nicht wie die Schriftgelehrten" (Mt 7,29). Und was machte seine Vollmacht aus? Wo Jesus lehrte – da geschahen Wunder und Zeichen. Seine Erklärungen des Willens Gottes, offenbart in der Schrift, mündeten in konkrete Erfahrungen im Alltag der Zuhörer.

c) Er lehrte aus der unmittelbaren Gemeinschaft mit Gott. Jesus selbst begründete seine Vollmacht mit den Worten: „Wie mich der Vater gelehrt hat, so rede ich" (Joh 8,28). Er lehrte nicht einfach systematisch-dogmatisch, sondern geführt „von oben". Er ist ein Lehrer „von Gott gekommen" (Joh 3,2) und nicht einfach ein Spezialist für Gotteslehre.

d) Jesus lehrte kontextuell. Es ist faszinierend, wie dieser Rabbi von Gott lehrt! Zum einen benutzte er alle ihm zur Verfügung stehenden Kommunikationswege. Man trifft ihn beim persönlichen Lehrgespräch mit einem Nikodemus (Joh 3,1ff), am Sabbat in einer Synagoge (Mt 4,23; 9,35 u. a.), im Streitgespräch mit seinen Kritikern und Feinden (Mk 12,13; 9,10–14 usw.) und im persönlichen Gespräch mit seinen Jüngern (Mt 5,1ff). Doch wo immer Jesus lehrte, er tat es im Kontext der unmittelbaren Lebenssituation. Oft nahm er diese zum Anlass und manchmal, so scheint es, führte er die Situation durch den Erweis seiner übernatürlichen Kraft herbei. In der Tat sind es diese Erfahrungen der Menschen um Jesus herum, die die Fragen entstehen lassen, auf die Jesus dann antwortet.

e) Jesus nahm sich für seine Lehre Zeit. Immer wieder erstaunt mich in den Evangelien, mit welcher Geduld Jesus seine oft unverständigen Jünger lehrte. Da war die eine Sache schon so oft besprochen worden, da hatten sie es mit eigenen Augen gesehen, wie Kranke gesund und Besessene frei wurden, und dann mangelte es ihnen doch an Glauben und sie kriegten nichts zustande. Und Jesus – Jesus ging wieder auf sie ein und wieder lehrte er sie. Er hatte Zeit. Er nimmt sich auch heute die Zeit.

Lehrer, die von Gott gesetzt sind, werden lehren, wie und was Jesus gelehrt hat. Und sie werden das vor allem im Gottesdienst tun.[57] Niemals sollte Lehre im Gottesdienst fehlen. Wo das Wort Gottes den christlichen Gottesdienst verlässt, da hört dieser auf, als christlicher Gottesdienst zu existieren. Die Lehre konstituiert das Fundament des missionalen Gottesdienstes. Sie verifiziert für den Gottesdienstbesucher seine Erfahrungen mit Gott und legt Verführungen und Verstrickungen des Bösen bloß. Christliche Freiheit ist nur möglich, wo die Wahrheit erkannt wird.[58] Und diese wird erkannt, wo das Wort Gottes gelehrt wird.

3.4 Von den Perspektiven und Akzenten zum Gesamtentwurf

3.4.1 Die fünf Charakteristika des missionalen Gottesdienstes

Aus dem oben Gesagten folgen die fünf wichtigsten Charakteristika des missionalen Gottesdienstes.

a) Missionaler Gottesdienst ist in die *Missio Dei*, die Missionsabsicht Gottes gestellt. Seinen Inhalt prägen apostolisch-missionarische Akzente. Jeder Gottesdienst ist, strategisch gesehen, auf die Mission Gottes ausgerichtet. Nicht die Gottesdienstbesucher, sondern Gott und seine Mission stehen im Mittelpunkt des Geschehens. Die Gewährleistung dieser Grundausrichtung liegt in der Hand apostolisch begabter Leiter.

b) Missionaler Gottesdienst konkretisiert den Heilswillen Gottes in die Situation der Menschen vor Ort. Er setzt eine prophetische Vision der Lage, in der sich die Menschen befinden, voraus. Seine Gestaltung ist niemals der Beliebigkeit unterworfen. Was hier geschieht, findet statt, weil Gottes Zeit für diese Dinge geschlagen hat. Es ist ein Gottesdienst, der vom *kairos,* der Zeit Gottes geprägt ist. Missionale Gottesdienste sind aktuelle Gottesdienste.

c) Missionaler Gottesdienst will die Begegnung zwischen Gott und Mensch. Er ist ein höchst kommunikatives Ereignis. Hier begegnet der Sünder dem Evangelium, der Guten Nachricht von der Erlösung in Jesus Christus. Alles, was in einem solchen Gottesdienst passiert, ist evangelistisch ausgerichtet. Der missionale Gottesdienst ist im Prinzip auf Gesinnungswandel, Veränderung, Buße und Umkehr eingestellt. Missionale Gottesdienste sind von der Leidenschaft geprägt, Menschen in eine lebendige Beziehung zu Jesus zu führen.

d) Missionaler Gottesdienst setzt auf Wachstumsprozesse. Gott holt den Menschen da ab, wo er sich befindet, und führt ihn im Prozess der Heiligung hin zum „reifen Mann in Jesus Christus" (Eph. 4,13), zur ganzen „Gottesfülle" (Eph. 3,14ff). In einem solchen Gottesdienst ist jeder willkommen, weil jeder wachsen kann. Hier findet jene Gemeinschaft der gegenseitigen Anteilnahme statt, die wahre pastorale und seelsorgerliche Kompetenz besitzt. Missionale Gottesdienste sind von der Liebe geprägt, die verändern will.

e) Missionaler Gottesdienst ist ein Wort-Gottes-zentrierter Gottesdienst. Wer hierher kommt, der ist an der Lehre der Apostel interessiert, der will Gottes Wort verstehen und ist bereit, diesem Wort zu gehorchen. Alles, was in diesem Gottesdienst passiert, findet letztlich seine Begründung in der Offenbarung Gottes, in der Bibel. Missionale Gottesdienste sind der Wahrheit verpflichtet.

Abbildung 4: Zyklus des missionalen Gottesdienstes.

Wo immer diese Priorisierung aufgegeben wird, da entsteht bald jene Schieflage, die den Gottesdienst zum Problem werden lässt. Denken wir einmal an einen Gottesdienst, der sich vor allem am prophetischen Wort orientiert, wie das heute in der Propheten-Bewegung üblich ist.[59] Schnell ist man hier beim Orakelhaften, Mystischen und potenziell Okkulten gelandet. Das prophetische Wort muss in das missionarische Anliegen, in evangelistische Leidenschaft, in seelsorgerliche Fürsorge und in biblische Lehre eingebunden sein, sonst laufen die Dinge aus dem Ruder.

Ähnliche Gefahren lauern da, wo man nur noch evangelistisch orientierte Gottesdienste anbietet. Die Konzentration auf den Kirchenfremden zwingt die Gottesdienstgestalter dazu, die Inhalte auf einige wesentliche Eckpunkte des Evangeliums zusammen zu schneiden. Die Gefahr der inhaltlichen Verflachung des Gottesdienstes wird zur realen Bedrohung. Wo man nur noch Inhalte der gottfernen Gottesdienstbesucher bewegt, da bleibt bald auch das Evangelium auf der Strecke. Ein klassisches Beispiel hierfür bietet die berühmte WCCC in Chicago, wie die Studie von Graig A. Pritchard, der eine längere Zeit in der Gemeinde gelebt hat, belegt (Pritchard 1996:272ff). Hier wurde das Konzept der Kirche für Kirchendistanzierte entwickelt und konsequent über Jahre gelebt. Evangelisation steht in den Gottesdiensten dieser Kirche an erster Stelle. Der Kirchendistanzierte mit seinen Nöten bestimmt die Themen und setzt die Fragen des Gottesdienstes. Damit bestimmt die Kultur, der Markt, was und wie im Gottesdienst gefeiert wird. Eine vom „Markt getriebene Kirche" (Middelmann 2004:197ff) lebt allerdings in der Gefahr, von der dominanten Kultur so stark vereinnahmt zu werden, dass sie ihr eigentliches Profil zu verlieren droht. Middelmann zeigt das anschaulich am Beispiel der Entwicklungen in den USA (Middelmann 2004).

So wichtig der evangelistische Akzent im Gottesdienst der christlichen Gemeinde ist, so notwendig ist es, diesen in die Gesamtmission der Gemeinde unter der Berücksichtigung apostolischer, prophetischer, pastoraler und lehrhafter Inhalte einzubinden. Der missionale Gottesdienst ist an erster Stelle ein Gottesdienst für Gott und nicht für Kirchendistanzierte.

Einer anderen Gefahr erliegen all die Gemeinden, die sich an den Bedürfnissen bestimmter Zielgruppen orientieren und pastorale Fürsorge als ihre Vision und Mission der Gemeinde verstehen. Solche Gemeinden entwickeln sich schnell zu „Gemeinde für uns" wie Walt P. Kallestad sie einmal genannt hat (Kallestad 2002:10). Menschen kommen in eine solche Gemeinde, weil sie hier verstanden und versorgt werden. Dabei kann es schnell passieren, dass sie zu religiösen Konsumenten werden. Da geht es dann in erster Linie nicht um Gott und sein Anliegen, sondern um den Menschen und seine Bedürfnisse. Eine solche pastorale Einseitigkeit lässt sich nur vermeiden, wenn man den Gottesdienst der Gemeinde unter allen Aspekten des fünffältigen Dienstes sieht und entwickelt. Pastoren allein werden den Gottesdienst und somit auch die Gemeinde allzu schnell in ein Krankenhaus für bedürftige Christen umwandeln.

Und schließlich verändert auch die einseitige Betonung der Lehre den Gottesdienst. Der Kampf um die Wahrheit, die strikte Ablehnung der Andersdenkenden, geistliche Arroganz – das sind einige Folgen einer Gemeinde, die zwar die Wahrheit kennt, aber die Liebe Gottes aus dem Blick verloren hat. Liebe und Wahrheit und Wahrheit in Liebe – das sind Zeichen einer Gemeinde der wirklichen Kinder Gottes (vgl. 2Joh). Lehre ohne apostolische Sendung degradiert die Gemeinde zum Diskussionsklub. Lehre ohne prophetische Sicht verunstaltet die Gemeinde zu einem Treffen von Besserwissern, die sich in der Regel mit allem Möglichen beschäftigen, nur nicht mit den Themen des Tages. Und wo evangelistische Leidenschaft und pastorale Fürsorge fehlen, da wird die Lehre zum harten Wort des Gesetzes, zum Buchstaben, der tötet. Lehrer, die es sich leisten wollen, auf die vier anderen Gaben des Geistes zu verzichten, werden schnell zu gesetzlichen Mahnern. Paulus warnt Titus gerade vor ihnen. Er solle sie nur ein- oder zweimal ermahnen und sie sonst in Ruhe zu lassen, weil sie grundverdorben sind (Tit 3,10f).

Gefragt ist also eine ganzheitliche Sicht von der Gemeinde und ihrem Gottesdienst, in der die fünf dienstkonstituierenden Gaben des Heiligen Geistes Raum zur Entfaltung erhalten.

Wie ist das in der Gemeinde, die Sie besuchen? Bevor Sie weiter lesen, wäre es enorm wichtig, für einen Augenblick an die Praxis des Gottesdienstes zu denken, wie Sie ihn in Ihrer Gemeinde erleben. Überlegen Sie sich einmal, ob der Gottesdienst, den Sie kennen, diese fünf Kategorien abdeckt. Handelt es sich dabei um einen Gottesdienst, in dem eher das apostolische oder doch das prophetische, evangelistische, das pastorale und/oder Lehranliegen überwiegt? Bitte füllen Sie die Tabelle auf der folgenden Seite aus und versuchen Sie damit ein entsprechendes Profil Ihres Gottesdienstes zu erstellen.

Elemente des Gottesdienstes	Apostolische Akzente	Prophetische Akzente	Evangelistische Akzente	Pastorale Akzente	Lehr-Akzente
Lobpreis/ Anbetung					
Zeugnis					
Wort-Verkündigung					
Gemeinschaft					
Anderes					

3.4.2 Nicht alles auf einmal und doch alles dabei

Praktisch veranlagte Leser werden an dieser Stelle stocken und fragen: Wie soll denn ein missionaler Gottesdienst stattfinden, der all die genannten Akzente und Perspektiven zu integrieren sucht? Ist es nicht utopisch, zu erwarten, dass man in den ein oder zwei Stunden am Sonntag Räume zur Verfügung stellt, die diese Fülle unterbringen können? Und wie lange würde ein solcher Gottesdienst dauern? Mit den üblichen 60 Minuten käme man da bestimmt nicht aus. Sicher, Gottesdienste, die sich an Zeitlimits des westlichen traditionellen Gottesdienstes binden, werden mit missionalen Vorstellungen sehr schnell in Konflikte kommen.

Doch Zeiten und Räume in der Organisation missionaler Gottesdienste wollen wir später besprechen. An dieser Stelle ist es wichtig zu betonen, dass eine missional gesonnene Gemeinde es sich nicht leisten kann, einen der fünf Dienste außen vor zu lassen. Denn Gott hat diese „zur Zurüstung der Heiligen" und „zum Werk ihres Dienstes" (Eph 4,12) gesetzt und bewirkt durch sie das innere und äußere Wachstum der Gemeinde. Es muss dabei nicht zum „Kampf um die Kanzel" kommen, wie ich das in meinem Buch zur Verkündigung deutlich gemacht habe (Reimer 2004:170ff). Vielmehr verlangt die Forderung nach einem missionalen Gottesdienst zweierlei: eine grundsätzliche missionale Gesinnung und einen ausgearbeiteten Gottesdienstplan, der diesen Elementen Raum lässt.

Die missionale Gesinnung geht davon aus, dass alle Gestalter eines Gottesdienstes, egal welche Gabe sie auch mitbringen mögen, sich ständig des Ganzen bewusst sind. Wenn ein Prophet sich in das missionale Team einbinden lässt, dann wird er wohl niemals ungeschützt prophezeien. Er wird seinen Betrag mit anderen bewegen und sich immer der grundsätzlichen Mission Gottes beugen. Ähnlich werden sich auch die anderen vier verhalten. Vom Leib Christi her gedacht, kann sich kein Glied des Leibes das Recht herausnehmen, seine eigene Sicht auf Gedeih und Verderb durchsetzen zu wollen. Es kann niemals um ein Schaulaufen der Begabten im Gottesdienst gehen, weil diese „zum Nutzen aller" (1Kor 12,7) gegeben sind.

In der langfristigen Gottesdienstplanung können dagegen auch besondere Akzente gesetzt werden. Diese werden vor allem durch die Akzentuierung der Verkündigungsinhalte gesetzt. Wer in der Gemeinde durch Verkündigung leitet, der wird dafür sorgen, dass die Verkündigung Ziele verfolgt, die dem Wachstum der Gemeindeglieder und der Mission der Gemeinde dienen.[60] So muss nicht immer alles zugleich, in einem Gottesdienst, versucht und gewagt werden. Man ahnt mit Recht, wie schnell ein solches Experiment an natürliche Grenzen stoßen wird. Planung ermöglicht aber, an alles zu denken und alles zu berücksichtigen. Geistliche Planung, sprich: eine Planung unter der Führung des Heiligen Geistes, kann dann auch alles zur rechten Zeit anbieten. Ist es doch der Geist Gottes selbst, der als Herr der Mission der Gemeinde die Dienste des neuen Bundes leiten will (2Kor 3,17). Wo er, der Geist Gottes die Führung übernimmt, da entstehen Freiräume für Gottes Vorstellung eines missionalen Gottesdienstes.

Anmerkungen

30 Die Frage, ob man auch heute noch von einem Dienst des Apostels ausgehen kann, ist recht umstritten. Siehe zur Diskussion Reimer (2004:73ff). Auch da wo man sich den Dienst eines Apostels grundsätzlich für heute vorstellen kann, hat man mit der Bezeichnung enorme Schwierigkeiten. Wayne Grudem (1994:911; dt. Übersetzung in Cannistraci 2001:90) schreibt mit Recht: „Wenn irgendjemand in unserer Zeit den Titel Apostel für sich beansprucht, zieht er im selben Moment einen Verdacht auf sich, von unangemessenem Stolz und dem Wunsch nach eigener Anerkennung angetrieben zu sein und von einem übereifrigen Ehrgeiz und dem Wunsch nach deutlich mehr Autorität in der Gemeinde erfasst zu sein, als eine Person rechtens besitzen sollte." Ein anderer, überaus wichtiger Grund für den ängstlichen Umgang mit dem Apostelbegriff und dem apostolischen Dienst in den evangelikalen Kirchen heute, allen voran in Deutschland, liegt im Gebrauch des Begriffs in der Neuapostolischen Kirche. In dieser Sekte wurde im Apostelamt die ganze Machtfülle des Christus auf Erden zusammengeführt (Geldbach 1978:386) und damit eine Amtshierarchie geschaffen, die nicht im Geringsten mit dem Dienst-

verständnis des NT zu tun hat. Um jeder Verwechslung mit der Neu-apostolischen Kirche aus dem Weg zu gehen, verzichtet man lieber ganz auf die Verwendung der Bezeichnung Apostel in Verbindung mit Diensten in der Kirche und Gemeinde.

31 Zur Diskussion des Namens Junia und damit zur Frage, ob Frauen Apostel gewesen sind, siehe Cannistraci (2001:100ff).

32 Rengstorf (1933:422) bezeichnete den Kreis der neutestamentlichen Apostel außerhalb der Zwölf als „Urchristliche Missionare". Es liegt zwar auf der Hand, den griechischen Begriff *apostolos* mit dem latei-nischen Missionar wiederzugeben. Eine Gleichsetzung des Dienstes des Apostels mit dem heutigen Berufsbild des Missionars scheint mir jedoch zu kurz zu greifen. Der Missionar heute steht für eine Fülle von Beauftragten der Kirche, die allerdings alle über einen gemeinsamen Nenner verfügen – sie sind Menschen, die den Auftrag der Kirche über die Kirchengrenzen hinaus wahrnehmen. Sie tragen demnach alle eine gewisse apostolische Note, Apostel müssen sie deshalb noch nicht sein.

33 Zum Begriff des Pflanzens siehe im AT: Gen 15,17; 2Sam 7,10; Ps 1,3; 80,16; 92,14; Jer 2,21; 11,17: 42,10; u. a. und im NT: Mt 15,13; 21,33; Röm 6,5; Jak. 1,21; u. a. Zum Begriff des Begießens siehe z. B. Jes 44,3.

34 So z. B. Adolf Schlatter (1985:129f) und Heinz-Dietrich Wendland (1976:33).

35 Zu dieser Strategie des Paulus siehe das hervorragende Werk von F. F. Bruce, *Paul: Apostel of The Heart Set Free* (1977: 315ff).

36 Vgl. Reimer 2004:73ff.

37 In seiner vielbeachteten Monographie *The Gift of Prophecy in the New Testament and Today* (1988), deutsch: *Die Gabe der Prophetie* (1994), bestreitet Grudem eine leitende Funktion für den Propheten in den neutestamentlichen Gemeinden. Seine Argumentation baut auf einer Auswertung entsprechender Perikopen aus der Apostel-geschichte auf. Grudem missachtet damit einfach Eph 2,20 und 4,11. Danach waren Propheten wichtige Leiter der Gemeinde, die mit „Verkündigung, Leitung und Lehre" (Schnackenburg 1982:183) betraut wurden. Siehe auch: Barth (1960:435–436); u. a. Max Turner (1996:206) schreibt, dass es keinen Grund gibt, anzunehmen, dass „die Propheten in der frühen Kirche Leiter gewesen sind, die fähig waren zu predigen und zu lehren".

38 Hebr. *nabi* = Berufener, *roaeh* = Seher, oder auch *isch ha aelohim* = Mann Gottes. Siehe hierzu: Betz (1990:1231–1240).

39 Zur Prophetie als Offenbarungs-Interpretation der Geschichte siehe Flückinger (1983:22ff).

40 Siehe zum Begriff der neutestamentlichen Prophetie: Turner (1996:187ff), Grudem (1988/1994), Aune (1983), Forbes (1995).

41 Siehe hierzu 1Kor 14,24–25 als Konkretion der prophetischen Ermahnung im Kontext des Gemeindegottesdienstes.

42 Andere Beispiele aus dem NT zeigen, dass die prophetische Rede nicht allein auf den Gottesdienst begrenzt war. Man denke da zum Beispiel an den Propheten Agabus (Apg 21,10ff) und sein Wort an Paulus. Es wurde im Haus des Evangelisten Philippus in eher privater Atmosphäre gesprochen. In seinem Haus wurde das prophetische Wort offensichtlich intensiv praktiziert. Seine vier noch nicht verheirateter Töchter besaßen alle die Gabe und praktizierten sie auch (Apg 21,9).

43 Laut J. Howard Marshall (2000:251ff) war der Evangelist ein in der Urkirche weit verbreitetes Amt, das sich vornehmlich für die direkte Verkündigung des Evangeliums an die Heiden, aber auch für die Ordnung der Gemeindeverhältnisse im Sinne deren Vorbereitung für die Evangelisation einsetzte. Marshall verweist hier ausdrücklich auf den Dienst des Timotheus, der von Paulus als Evangelist bezeichnet wurde.

44 Graham (1984:12). Das bedeutet nicht, dass hier die Verkündigung als bloße Bekehrungspredigt missverstanden werden muss. Die Gute Nachricht ist eine Nachricht vom allumfassenden Schalom Gottes. So gesehen ist auch die Aufgabe des Evangelisten eine ganzheitliche. Siehe dazu die hervorragende Studie von Pedrito Maynard-Reid (1996). Evangelisation zielt immer auf Transformation und umfassendes Heilwerden des Menschen und seiner Lebenswelt. Doch während alles christliche Zeugnis eine evangelistische Dimension aufweist (ÖRK 1963:25f), ist nicht jedes Zeugnis von seiner Intention her Evangelisation. Zur Unterscheidung zwischen missionarischer Dimension und missionarischer Intention siehe: Gensichen (1971).

45 Siehe hierzu: Bosch (1997) und Klaiber (1990).

46 Vgl. Jes 61,1; Nah 2,1 und Jes 52,7, siehe hierzu auch Röm 10,15.

47 Der Begriff *Evangelisation* wurde und wird im deutschen Sprachraum unterschiedlich verwendet. Nach Klaiber (1990:24) ist Evangelisation im freikirchlichen Raum eine Verkündigungsveranstaltung in einem Saal oder Zelt, die auf die Bekehrung des Einzelnen abzielt, während es im römisch-katholischen Bereich um eine Neubesinnung der Sendung der Kirche in die Welt handelt. Walldorf (1999:23) unterscheidet in seiner Arbeit zwischen „Evangelisierung" (Prozess

und Ausmaß) und „Evangelisation" (Wirksamkeit an sich), verwendet die beiden Begriffe aber theologisch synonym. Auch im englischen Sprachgebrauch werden „*evangelism*" und „*evangelization*" unterschieden. Bosch (1991:409) versteht unter *evangelism* „(a) the activities involved in spreading the gospel, or (b) theological reflections on these activities". Und *evangelization* definiert er als „(a) the process of spreading the gospel, or (b) the extent to which it has been spread".

48   Zitiert nach Riecker 2001:79.

49   Siehe hierzu unter anderem Gnilka (1991:103).

50   Gnilka (1991:103). Zur Diskussion des Begriffs und seiner Bedeutung für die Theorie der Seelsorge siehe die Ausführungen bei Adams (1972:39ff).

51   So schon sehr früh in der reformatorischen Theologie gesehen. Siehe dazu die Zusammenfassung bei Ziemer (2000:62ff).

52   Siehe hierzu die Ausführungen von Bohren (1979:129–142), Adams (1972:52ff) und Ziemer (2000:121f). Dass die Gemeinde der primäre Ort der Seelsorge ist, kann nicht genug betont werden, gerade in Zeiten der zunehmenden Professionalisierung der seelsorgerlichen Dienste der Kirche. Ziemer (2000:123) ist unbedingt recht zu geben, wenn er das Primat der Gemeindeseelsorge jedem anderen Angebot voranstellt. Er schreibt: „Dass die Gemeinde der primäre Ort der Seelsorge ist, daran muss auch festgehalten werden, wenn von speziellen Seelsorgediensten – im Krankenhaus, im Gefängnis, bei sozialen und psychologischen Beratungsstellen – die Rede ist. Diese werden in der sich immer mehr differenzierenden Gesellschaft zunehmend wichtig, aber sie werden auf Dauer nur gedeihen auf dem Wurzelboden der Gemeindeseelsorge. Wenn hinter den seelsorgerlichen und beraterischen Angeboten der Kirchen nicht mehr lebendige Koinonia-Erfahrungen in den Gemeinden oder Gemeindegruppen stehen, dann wird diesen über kurz oder lang der Atem ausgehen, weil der geistliche Kraftanschluss fehlt. Je mehr dies gegeben ist, je mehr die Seelsorge in der Gemeinde als dem Ort gelebten Glaubens verankert ist, um so aussichtsreicher wird es sein, Seelsorge dort praktizieren zu können, wo Menschen sie brauchen und sich vielleicht sogar danach sehnen, obwohl sie sich innerlich und äußerlich von der Kirche weit entfernt haben. Seelsorge für die Welt setzt die Gemeinde als Ort der Seelsorge voraus."

53   Ziemer (2000:182–185) konkretisiert seelsorgerliche Kompetenz in folgenden Kategorien: Personenkompetenz, kommunikative Kompetenz, hermeneutische Kompetenz, geistliche Kompetenz und Theo-

riekompetenz. Etwas einfacher drückt es Gangel (1981:168) aus. Er beschreibt die allgemeinen Qualifikationen eines Leiters als Seelsorger in folgenden sieben Kategorien:

1. Er sollte seine Gefühle kontrollieren können.
2. Er sollte hören können.
3. Er sollte sich als guter Freund beweisen.
4. Er sollte lernen, katalytische Fragen zu stellen.
5. Er sollte lernen, Sachen in totaler Perspektive zu sehen.
6. Er sollte sich vor der Versuchung hüten, als Berater missbraucht zu werden.
7. Er sollte Freund bleiben, egal wie der Seelsorgesuchende sich verhält.

54 Eine sehr hilfreiche Diskussion der Beziehung zwischen dem biblischen Konzept des Allgemeinen Priestertums und dem Hirten-Amt in der Kirche findet sich bei Uhsadel (1966:35ff).

55 Erdlenbruch (1980:4ff) sieht den Grund für die Lehrmüdigkeit der Evangelikalen zum einen in der Überbetonung der Erfahrung im Pietismus, zum anderen im apologetischen Verständnis der Lehre. Lehre ist hier ein Mittel zur Abwehr und Formulierung besonderer Positionen und weniger ein Erziehungsprogramm.

56 Zu Jesus als Lehrer siehe: Erdlenbruch (1980:15ff), Wieske (1998:29–40).

57 Dass Lehre nicht nur im Gottesdienst, sondern in vielfältiger Weise in der Gemeinde ihren Platz hat, zeigt der Zyklus lehrhafter Verkündigung, wie ich ihn in meinem Buch „Leiten durch Verkündigung" (Reimer 2008:143ff) entwickelt habe.

58 Jesus sagt in diesem Zusammenhang in Joh 8,32: „Ihr werdet die Wahrheit erkennen und die Wahrheit wird euch frei machen."

59 Zur Prophetenbewegung siehe Bühne (1994).

60 Siehe hierzu meine Ausführungen in Reimer (2004:156–174).

Kapitel 4

Die Gestalt des missionalen Gottesdienstes

4.1 Gottesdienst – die Mitte der Gemeinde

„Kirche heißt: Wir leben vom Gottesdienst her. Von dieser Mitte ergeben sich wie von selbst die diakonischen und missionarischen Aktivitäten. Vom Gottesdienst her gewinnen die Gemeinden ihre Struktur und die Kirche ihre Gestalt" (KGR 2001:81). Diese Worte drücken deutlich aus, was der kurze Einblick in die neutestamentliche Theologie des Gottesdienstes zutage gefördert hat. Die Gemeinde hat ihre konstituierende Mitte in der Versammlung der zur Verantwortung Gerufenen. Sie ist Gottes *ekklesia*. Von hier aus muss sie werden, um in der Welt erfolgreich zu sein. Erst wo sie sich um Gott versammelt hat, kann sie in der Welt ihre Mission erfüllen. Gottesdienst und Mission gehören somit eng zusammen. Gottesdienst und Gemeindeaufbau korrelieren.[61]

Aber die Beziehung zwischen Gottesdienst und Gemeinde ist eine reziproke. Gemeinde konstituiert sich im Gottesdienst und der Gottesdienst hat ihrem ekklesialen Wesen zu entsprechen. Es geht also nicht einfach darum, dass sich die Gläubigen treffen und dann wird, was Gott unter Gemeinde verstanden hat. Nein, Menschen, die zum Gottesdienst kommen, werden herausgerufen zur Verantwortung. Sie kommen zusammen um Gottes willen. Sie wollen werden, wozu er sie berufen hat. Der christliche Gottesdienst ist niemals der spirituellen Beliebigkeit unterworfen. Er baut auf der Offenbarung und ist daher als wortzentrierter Gottesdienst festgelegt.

Diese Erkenntnis in der evangelischen Gottesdienstlehre geht auf Martin Luther zurück. Luther fasst sein Gottesdienstverständnis prägnant in seiner Rede bei der Einweihung der Schlosskirche in Torgau am 5. Oktober 1544 zusammen. Luther sagt:

> *„... das nichts anderes darin geschehe, denn dass unser lieber Herr selbst mit uns rede durch sein Heiliges Wort, und wir wiederum mit ihm reden durch Gebet und Lobgesang"* (WA 12,35ff).

Für ihn ist der christliche Gottesdienst vor allem ein dialogisches Geschehen zwischen Mensch und Gott. Und im Zentrum dieses Geschehens steht das Wort. Luther schreibt: „Alles Gottesdienstes das größte und vornehmste Stück ist, Gottes Wort zu predigen und zu lehren" (WA 19.78.26f). Nicht die Frage nach Form und Liturgie, sondern die Begegnung zwischen dem Schöpfer und seinem Geschöpf macht den Gottesdienst für Luther zum Gottesdienst. Ein in tradierten liturgischen Formen erstarrter Gottesdienst wäre für ihn kein Gottesdienst.

Wo sich Gottesdienst ereignet, wird die *ekklesia* zur Versammlung der Verantwortungsträger. Darauf zielt das gottesdienstliche Ereignis. Deshalb muss es sich dem ekklesialen Charakter in Form und Inhalt des Ereignisses beugen. Und das bedeutet, der Gottesdienst muss dem Wort göttlicher Offenbarung zum Wesen und Auftrag der Gemeinde Raum geben.

4.2 Inkulturation als Notwendigkeit

Der Gottesdienst ereignet sich immer in Raum und Zeit. Was Gottesdienst heute ist und wie Gottesdienst gefeiert wird, hängt von den entsprechenden Faktoren lokaler Kultur ab. Wahrer Gottesdienst ist kulturbezogen.[62] Gottesdienst, wenn er denn den Namen verdient, ist ein den Menschen verständliches Ereignis. Und verstanden wird er dadurch, dass das Wort konkrete und aktuelle Gestalt annimmt. Damit ist es nicht gleichgültig, welche Form der Gottesdienst hat. Denn Struktur und Form entscheiden wesentlich über Akzeptanz oder Missverständnis des Gottesdienstes. Christian Schwarz hat daher recht, wenn er zweckmäßige Strukturen zu den Basisprinzipien eines gesunden Gemeindeaufbaus rechnet (Schwarz 1997:74ff).

Die Gemeinde ist Leib Christi (Eph 1,23). Sie ist gesandt, wie Christus gesandt wurde (Joh 20,21). In ihr richtet Gott das Wort von der Versöhnung auf (2Kor 5,18). Wie Christus ist sie daher eine inkarnierte Wirklichkeit. Er wurde Mensch und in seinem Menschsein erblickten die Menschen die Herrlichkeit Gottes (Joh 1,1–12). Daher ist die Gemeinde nur dann eine für die Menschen verständliche Gemeinde, wenn sie unter den Juden jüdische, unter den Griechen griechische und unter den Deutschen deutsche Formen sucht und findet – da Jesus ihr Vorbild ist. So und nur so glaubte Paulus wenigstens einige unter seinen Hörern für das Evangelium zu gewinnen (1Kor 9,19ff). Inkulturation als Gestaltungsprinzip des Gottesdienstes ist eine missionarische Notwendigkeit. Es gibt keine Alternative dazu.

Der Gottesdienst als Mitte der Gemeinde setzt hier Akzente. In ihm wird das Wort menschliche Erfahrung. Und das ist nur im Prozess der Inkulturation möglich. Rolf Hille schreibt dazu:

> *„Aus dem leiblichen Wort und der Vielgestalt menschlicher Kulturen, Sprachen, Brauchtümer, Lebensweisen, Architekturen, künstlerischer und musikalischer Stile ergibt sich eine breite Vielfalt von konkreten Gottesdienst-Formen"* (Hille 2005:95).

Nur so wird das Evangelium den Menschen verständlich. Es muss in der Gestalt der Kultur, ihrer Kultur zu ihnen kommen. Gelingt die Inkulturation nicht, dann bleibt es den Menschen fremd und sie sehen nicht die Herrlichkeit Gottes, sondern eine ihnen fremde religiöse Organisationsstruktur, die anzunehmen wenig Sinn ergibt.

Diese missionarische Dimension des Gottesdienstes macht seine Inkulturation zum Imperativ. Und an der Art und Weise des Gottesdienstes wird abzulesen sein, ob die Gemeinde bei den Menschen angekommen ist oder nicht. Rolf Hille schreibt:

„Der Gottesdienst ist somit der kritische Prüfstein für gelungene Kontextualisierung des Evangeliums und zugleich Ort ihrer unmittelbaren Pflege und Entfaltung" (:96).

Gottesdienstliche Formen sind somit von Menschen gemachte Schalen. Sie gehören zum Bereich dessen, was Martin Luther „gemachte Kirche" nannte (Althaus 1972:523). Und dieses Gemachte an der Kirche

„stammt aus der menschlichen Vernunft und nicht aus der Offenbarung, ist menschliches Recht mit aller seiner Relativität und Wandelbarkeit, nicht göttliches Recht, das zu den Wesensmerkmalen der Kirche gehört" (:523).

Es kann somit keine absoluten sakralen Formen des Gottesdienstes geben. Die heutigen Gottesdienstformen haben sich allesamt kirchengeschichtlich entwickelt. Während die einen Kirchen vor allem den rituellen und liturgischen Aspekt der Verehrung Gottes betonen, so in den katholischen und orthodoxen Kirchen,[63] legen die anderen, so in den protestantischen Landes- und Freikirchen, eher Wert auf die Verkündigung und eine Vielfalt der Formen.[64]

4.3 Formen, Strukturen, Organisation

4.3.1 Kein formloser Gottesdienst

Rechter christlicher Gottesdienst muss von seinem Inhalt und nicht von der Form bestimmt werden. Theologisch gesehen kann es *nur einen* Gottesdienst geben. Und doch: Gottesdienst ist ein Ereignis, und zwar ein Ereignis in Raum und Zeit. Und als solches bedarf es bestimmter Formen, die das Ereignis zum Ereignis werden lassen. So gesehen kommt es nicht nur auf den richtigen Inhalt, sondern auch auf die richtige Form an. Die „Strukturen predigen mit" (Beck 2007:62).

Auch der missionale Gottesdienst kommt nicht ohne Form und Struktur aus. Und diese Form und Struktur gewinnt der Gottesdienst aus der Kultur, aus der die Menschen kommen, die die *ekklesia* vor Ort bilden. Für Walt P. Kallestad geht es im Gottesdienst um die Erfahrung der Verehrung Gottes, weiter um das Erkennen dessen, wie echtes Christsein im Alltag gelebt werden kann, und um die Erfahrung der durch das Evangelium veränderten Beziehungen (Kallestad 2002:80ff). Für ihn ist diese Erfahrung eingebettet in moderne Ausdrucksformen, in eine Symbol- und Sprachwelt, die der moderne Mensch nachvollziehen kann.

Inhaltlich wird der Gottesdienst aus der Offenbarung Gottes bestimmt, formal beugt er sich den Gegebenheiten der jeweiligen Kultur und ist somit in seiner Form veränderbar. Ja, es wird sogar zum Zeichen einer lebendigen Gemeinde, dass sich ihre Gottesdienststrukturen flexibel entwickeln. Wir leben in einer höchst mobilen und sich rasch verändernden Welt. Menschen, die in dieser Welt aufwachsen, können nur dann wirklich mit dem Evangelium erreicht werden, wenn man ihren sozialen, kulturellen und spirituellen Bedürfnissen und Empfindungen gerecht wird. Wer verstanden werden will, wird sich die Mühe machen müssen, die Sprache seines Gegenübers zu lernen. Unsere Bevölkerung hat sich längst so divers und sozial zerklüftet entwickelt, dass das Erlernen der sozialen Sprache des anderen dringend geboten ist. Denken wir n altersspezifische Dimensionen oder an die Milieu-Entwicklungen in unserem Land. Dazu kommen all die Effekte, die infolge der Globalisierung unsere Gesellschaften mitprägen. Wir leben in einer multioptionalen Welt. Sie anzusprechen, verlangt nach mehr als nur einem Ansatz. Eine in ihrer liturgischen Form erstarrte kirchliche Veranstaltung wird als evangelischer Gottesdienst nur noch selten zum Zug kommen. Und wenn die gottesdienstliche Veranstaltung als solche nicht mehr erkannt und verstanden wird, darf sie dann noch als Gottesdienst gelten? Wohl kaum.[65]

Der Gottesdienst der Zukunft wird deshalb pluriform zu denken sein. Die Pluralität der Gesellschaft verlangt danach, und das Gebot der Inkarnation als eines der entscheidenden Charakteristika des Gottesdienstes ermutigt sie.

4.3.2 Zwischen Experiment und Tradition

Moderne Vorschläge zur Gottesdiensterneuerung sind entsprechend der oben dargestellten Zusammenhänge schnell dabei, Formen zu ändern. Ändern sollte man jedoch nur, was nicht mehr verstanden wird. Wer einen kontextualisierten Gottesdienst will, der wird nicht umhin können, eine Gratwanderung zwischen

Experiment und Tradition, Freiheit der Gestaltung und Kontinuität einzugehen.

Eine Anekdote aus der Reformationszeit veranschaulicht das: Im Jahr 1521 wurde Matthäus Alber (1495–1570) zum Prediger der Reutlinger Kirchengemeinde berufen. Seit 1525 betrieb Alber die Einführung des sonntäglichen Predigtgottesdienstes. Aber im Unterschied zu Martin Luther sagte er sich von der Messe, auch in ihrer „gefegten" Art, ab und hielt sich an den spätmittelalterlichen Prädikantengottesdienst, indem er deutsches Lied, Lesung und eben die Predigt ins Zentrum des Gottesdienstes stellte. Eine Delegation aus der Gemeinde holte bei Luther Rat, was nun mit der besagten Neuerung Albers zu tun sei. Dieser antwortete Alber schriftlich:

> *„Die bei euch geänderten Zeremonien gefallen mir gut. Auch wir haben Änderungen vorgenommen und auf Drängen unserer Nachbarn bereits herausgegeben. Verändere nun aber bloß nicht deine Zeremonien wiederum nach unserem Vorbild, sondern bleibe bei dem, was du angefangen hast unbedingt"* (nach Kummer 2005:66).

Luther war offensichtlich weit davon entfernt, bestimmte Formen des Gottesdienstes festzuschreiben.[66] Allerdings sah er auch die potenzielle Gefahr der Überfrachtung des Gottesdienstes mit Neuerungen, die den Gottesdienst für Besucher wie eine ungemütliche Baustelle erscheinen lassen. Beides ist also gefragt: Flexibilität in Formen, wo der Kontext eine solche verlangt, und Kontinuität in Elementen, die den Gottesdienst zur Heimat für Suchende macht. Theo Sorg drückt das so aus:

> *„Recht verstandene Liturgie wird darum immer vom Bleibenden bestimmt, gleichzeitig aber für neue Entwicklungen offen sein ... sie schafft vielmehr durch Elemente der Wiederholung Raum der Geborgenheit, der den Menschen von sich selbst entlastet und ihn für eine Dimension öffnet, die größer ist als sein kleines Leben"* (Sorg 1987:66f).

Tradition, auch Gottesdiensttradition, ist ein großer Erfahrungsschatz der Kirche. Sie wirkt hemmend, wo man ihr neue Ausdrucksformen verweigert, aber sie ist mächtig, wo sie in alter, bewährter Kraft sich neue Wege in die Herzen der Menschen bahnen darf. Übrigens ist das Neue von heute – die Tradition von Morgen. Andreas Horn beschreibt den alternativen Gottesdienst in der evangelischen Kirche von Sachsen unter der bezeichnenden Überschrift „GoLife" und stellt dabei fest:

> *„Selbst bei einem neuen Gottesdienstmodell erfolgt relativ schnell die Traditionsbildung mit Stammbesuchern, festen Abläufen, Erwartungen. Es besteht bei den Besuchern fast selbstverständlich die Erwartung, dass das erfolgreiche Gottesdienstmodell zeitlich unbegrenzt weiter geführt wird. Auffällig ist die rasante Traditionsbildung. Nach sieben Gottesdiensten, die thematisch sehr unterschiedlich waren, bildet sich eine Gottesdienstgemeinde mit einer handfesten Erwartungshaltung"* (Horn 2003:146).

Keine Frage, wir brauchen heute eine Gottesdienstgestaltung, die den Menschen in seiner Lebenswelt anspricht. Da können die Traditionen der Väter ein Hemmnis sein, die Erneuerung erschweren oder gar unmöglich machen. Formen und Strukturen dürfen nie mehr sein als Baugerüste, wie Coenen sie einmal nannte (1977:797). Sie helfen und ermöglichen zwar, das Gebäude zu errichten, aber das Gebäude selbst sind sie nicht.

4.3.3 Gottesdienst-Erneuerung – ein Blick in die Praxis

Die Erneuerung des Gottesdienstes wurde in den Kirchen und Freikirchen in den sechziger Jahren zum Thema. Die meisten Impulse hierfür kommen aus den USA und sie sind in ihrem Wesen vor allem musikalischer Art (Ruddat 2003:46–47). In den siebziger Jahren kommt es analog zum deutschen Fernsehen zu der Einführung von Zweit- und Drittgottesdiensten (Sorg 1977:83/1987:70f). Gottesdienste werden hier als Programm gefeiert, das sich an eine unterschiedliche Klientel richtet, getrieben von der wachsenden Erkenntnis, dass man eben doch nicht die breite Masse der Menschen mit einem Angebot erreichen kann. Krabbel-, Jugend-, Familien-, besondere Zeiten- und Themengottesdienste sind nun an der Tagesordnung. Bald werden dank wachsender Internationalisierung kirchlicher Arbeit Lobpreis- und Open-Air-Gottesdienste, die „Kirche im Grünen", die Thomasmesse, die in Helsinki entwickelt wurde und Anfang der 1990er Jahre nach

Deutschland gebracht wurde (Eißler 2003:47ff) und neuerdings über die Willow-Creek-Bewegung die „Seeker-Gottesdienste" angeboten (Ruddat 2003:58). Dazu kommt eine bunte Welt von Klassik-, Pop-, Rock-, Biker-, oder Taizégottesdiensten. Das Angebot ist breit und reich an Variation.

Als besonderes Experimentierfeld für neue Gottesdienste erweist sich der Kirchentag, auf dem sich laut Peter Bubmann „Liturgie und Zeitgeist auf besondere Weise begegnen" (Bubmann 1999:34). Im freikirchlichen Bereich sind es vor allem internationale Konferenzen und hier besonders Jugendkonferenzen, die neue gottesdienstliche Formen in die Gemeinden bringen.

Heute bietet sich uns eine bunte Landschaft gottesdienstlichen Lebens in Deutschland. In Kirche wie Freikirche wächst die Zahl jener Gemeinden, die mehrere Gottesdienste an einem Sonntag anbieten. Und Gottesdiensttheoretiker diskutieren Modelle pluriformen gottesdienstlichen Lebens unter einem Kirchendach, die sich den Entwicklungen in der Gesellschaft anpassen, vor allem den Milieubildungen. So steht Gerhard Schulzes Theorie von den fünf Grundmilieus der Gesellschaft (Schulze 2000) Pate für Wolfgang Fischers (2003:9ff) Kriterienkatalog für Gottesdienstformen und Milieugesichtspunkte.

Schulze definiert fünf soziale Milieus: Niveaumilieu, Harmoniemilieu, Integrationsmilieu, Selbstverwirklichungsmilieu und Unterhaltungsmilieu. Diese Milieus unterscheiden sich durch Alter, Bildung, Musikgeschmack, Freizeitverhalten und Erlebnisrationalität sowie durch ihre äußere Erscheinung. Sie mit einem einzigen Gottesdienstangebot erreichen zu wollen, erscheint völlig sinnlos. Zu unterschiedlich sind die Rahmenbedingungen, in denen die Milieu-Vertreter kommunizieren und erleben. Hier setzen Autoren wie Fischer an. Pluralität der Gesellschaft setzt für sie die Pluralität der Formen und Strukturen des Gottesdienstes voraus. Fischer schreibt:

> *„Was für das Selbstverwirklichungsmilieu gut sein mag, ist noch nicht automatisch für das Harmoniemilieu oder andere Milieus der richtige Weg. Die Pluralität der Gesellschaft setzt*

auch plurale Formen der Verkündigung und der Liturgie voraus ..." (Fischer 2003:18).

Gerade da, wo die Kirche sich anschickt, missionarisch zu leben, wird sie an der Entwicklung pluraler Formen des gottesdienstlichen Lebens nicht vorbei kommen. Karl-Heinz Schlaudraff spricht in seinem Vortrag zum Thema Zweitgottesdienst und Einheit der Gemeinde über „differenzierte Integration" als wesentlichen Bestandteil einer in die Gesellschaft hinein wirkenden missionarischen Gemeinde.

„Inkulturation in einer differenzierter werdenden Gesellschaft fordert aber eine Vielfalt von Sozialgestalten kirchlichen Lebens und das heißt gerade auch gottesdienstlichen Lebens".[67]

Gemäß diesen Forderungen entwickelt sich heute im Raum der Kirchen und Freikirchen die Zweitgottesdienstbewegung.[68] Ihre theologische und ekklesiologische Einordnung steht hier nicht zur Debatte.[69] Bedeutend scheint mir die missionarische Auswirkung dieser Bewegung. Menschen kommen wieder in die Kirche. Gerade da, wo man kaum noch jemanden im Hauptgottesdienst gesehen hat. Und, was noch wichtiger ist, die Jugend strömt wieder in die Kirche. Was der agendarische Hauptgottesdienst in der Kirche und Freikirche nicht vermochte, scheint in einem frei gestalteten Zweitgottesdienst auf einmal zur erfahrbaren Realität zu werden.

4.4 Gottesdienstformen – was ist angebracht?

4.4.1 Gottesdienst als Veranstaltung

Die theologische und ekklesiologische Positionierung des Gottesdienstes als Ereignis hebt die Frage nach der Form und Gestaltung, wie wir gesehen haben, nicht auf. Gerade umgekehrt. Der hohe inhaltliche Anspruch setzt auch einen hohen Grad an formaler Gestaltung voraus. Albrecht Grözinger vergleicht die Gestalt des Gottesdienstes in der postmodernen Gesellschaft mit dem Theater. Im Theater kommt alles auf die Inszenierung an. Hier werden Inhalte in Szene gesetzt. Das eigentliche Kunstwerk im Theater ist die Szene. Für Grözinger ist der Gottesdienst ein solches Kunstwerk (Grözinger 1998:98ff). Man wird daher mit Recht fragen müssen: Welche Gestalt muss der Gottesdienst finden? Welche

Strukturen und Formen wären zu realisieren, um den Menschen so in die Gegenwart Gottes zu führen, dass er seine gottgegebene Rolle erkennt und zugerüstet wird, diese auch im Alltag zu leben? Wie sieht jener Gottesdienst aus, wo aus dem Gemeindeereignis Gemeindeaufbau wird?

Die Bibel lässt uns an dieser Stelle vor einer Fülle von Gottesdienst-Formen stehen. Eine wie auch immer geartete biblische Ordnung für Form und Stil des Gottesdienstes sucht man vergeblich (Basden 1999:34–35). Was das NT deutlich macht: Gottesdienst ist eine Veranstaltung in Raum und Zeit. Diese formale Festlegung auf ein Veranstaltungs-Format ermöglicht es, uns über die Gestaltung des Gottesdienstes nachzudenken. Denn wo immer Menschen ihre Treffen veranstalten, sind Organisation und Planung, Gestaltung und Leitung gefragt. Wer veranstaltet, will versuchen, seinen Ideen Gestalt zu verleihen.

4.4.2 Veranstaltungstypen im gottesdienstlichen Geschehen

In den Jahrhunderten der Kirchengeschichte hat sich eine Reihe von Gottesdiensttypen etabliert. Es ist wichtig, diese zu beschreiben, bevor man nach ihrem Wert und ihrer Bedeutung für den Gemeindeaufbau fragt.

4.4.2.1 Der liturgische Gottesdienst

Der liturgische Gottesdienst ist bei weitem der älteste Gottesdiensttyp in der Tradition der christlichen Kirchen. Er geht zurück auf die Entwicklungen in der Patristik und des frühen Mittelalters und wird heute in allen traditionellen Kirchen praktiziert.[70] Immer mehr Evangelikale fühlen sich vom liturgischen Gottesdienst angezogen.[71] Der liturgische Gottesdienst ist sehr formal, bis ins letzte Detail geplant und setzt seine Akzente auf Würde und Anbetung. Sein ausgesprochenes Ziel ist es, den Gläubigen dahin zu führen, dass er oder sie sich vor Gott beugt und ihn in all seiner Majestät bewundert (Basden 1999:42).

Die Proponenten des liturgischen Gottesdienstes begründen diesen mit Texten aus dem AT. So steht vor allem Jes 6,1–9 im Zentrum ihrer Aufmerksamkeit. Hier tritt der Prophet Jesaja vor

den Thron Gottes, was ihn zum inneren Zerbruch und zur Nie-
derwerfung vor Gott, dem Allmächtigen, führt. Eine andere Quelle
stellen die Psalmen dar, die eine Fülle an liturgischen Formeln
bieten. Die feste Ordnung der Liturgie wird gerne mit 1Kor 14,33.39
begründet. Hier heißt es zwar, dass Gott nicht ein Gott der Unordnung, sondern des Friedens sei; die folgende Beschreibung des
charismatischen Geschehens im paulinischen Gottesdienst lässt
allerdings zweifeln, ob dieser Text eine valide Begründung für die
rigide Ordnung des liturgischen Gottesdienstes bietet.

Der liturgische Gottesdienst bietet Stärken und Schwächen:

Stärken
- Der liturgische Gottesdienst richtet den Gottesdienstbesucher
  bewusst auf Gott aus. Die rigide Form lässt eine andere Ausrichtung kaum zu. Der Besucher ist gezwungen, sich mit Gott
  und seiner Größe zu beschäftigen.

- Die Betonung der Transzendenz in den liturgischen Formeln
  kann beim Besucher das Gefühl des Überwältigtseins hervorru-
  fen und ihn somit in tiefe Anbetung führen.

- Der häufige Gebrauch der Heiligen Schrift und der Bekennt-
  nistexte unterstreicht deren Bedeutung und schafft eine innere
  Beziehung zur Offenbarung Gottes.

Schwächen
Der liturgische Gottesdienst kann, kritisch gesehen, eine Distanz zwischen Gott und den Menschen aufbauen und vertiefen.

- Die Betonung der Transzendenz und der Majestät Gottes kann
  schnell einen distanzierten, unerreichbar mächtigen Gott pos-
  tulieren, der nur wenig mit dem liebenden Vater Jesu Christi,
  der sich dem Sünder naht, gemeinsam hat.

- Die festgelegte Struktur lässt keinen Raum für persönlichen
  Ausdruck von Anbetung. Anbetung wird hier vorgeschlagen, ja
  gar erzwungen, was *de facto* nicht geht. So kann der liturgische
  Gottesdienst schnell zu einer formalen Religiosität verführen,
  die den Menschen in seinem Inneren kaum berührt.

4.4.2.2 Der traditionelle Gottesdienst

Unter traditionellem Gottesdienst verstehe ich einen semiliturgischen Gottesdienst, wie er sich gleich nach der Reformation entwickelt hat und neben festen, geplanten Bestandteilen auch freie Beiträge berücksichtigt.[72]

Stärken

- Dieser Gottesdiensttyp vereint beides, die Stärken des liturgischen Gottesdienstes mit seiner Konzentration auf Transzendenz, Macht und Größe Gottes, und die persönliche Dimension der liebevollen Beziehung zwischen Gott und Mensch. Hier ist Gott groß und zugleich gnädig, mächtig und zugleich liebevoll.

Schwächen

- Die Stärke dieses Gottesdiensttyps kann schnell zu Schwäche werden. Beim Versuch, es beiden Seiten recht zu machen, kann die eine oder die andere rasch aus der Balance geraten. Man kann in einem begrenzten Zeitraum doch nicht immer alle Interessen berücksichtigen und so kommen bei diesen Gottesdiensten mal die mehr liturgisch orientierten, mal die auf persönliche Beteiligung drängenden Gottesdienstbesucher zu kurz. Für sie wird die Veranstaltung unbefriedigend verlaufen. Auf lange Sicht werden die Unzufriedenen sich dann doch eine andere Gemeinde suchen.

4.4.2.3 Der erweckliche Gottesdienst

Dieser Gottesdiensttyp hat sich in den Erweckungsbewegungen des 18. und 19. Jahrhunderts in Europa und Nordamerika entwickelt und zeichnet sich durch seine aggressive Predigt aus, die die Menschen zur Buße und Bekehrung führen will. Auch die anderen Beiträge im Gottesdienst richten sich an der Thematik aus. Ob Zeugnis oder Liedbeitrag, Gebet oder Gegenstandslektion – alles soll dem Sünder die Augen öffnen und ihn zur Erkenntnis der Wahrheit führen. Biblisch lässt sich dieser Typ in der Apostelgeschichte, so in der Pfingstpredigt (Apg 2) des Petrus, rekonstruieren.

Stärken

- Starke Betonung der persönlichen Beziehung zu Gott, die durch ein Leben in persönlicher Heiligung gefördert wird.

- Förderung eines gewissen ethisch-moralischen Standards im Leben der Gemeindeglieder und der Gemeinde als Ganzes.

- Starkes Interesse an der Bekehrung der Menschen aus der Welt. Klare evangelistische Ausrichtung des Gottesdienstes.

Schwächen

- Die evangelistische Ausrichtung macht den Gottesdienst zu einer Veranstaltung für Menschen, die für den Glauben gewonnen werden sollen. Gottesdienstbesucher, die bereits mit Jesus leben, erfahren dagegen kaum geistliche Hilfe.

- Die Akzentuierung von Sündenerkenntnis, Buße und Bekehrung kann bei den bereits bekehrten Christen einen Zwang zur gesetzlichen Heiligung verursachen.

4.4.2.4 Lobpreis-Gottesdienst

Dieser Gottesdiensttyp ist als „typisch charismatisch" bekannt und konzentriert sich darauf, die unmittelbare Gegenwart Gottes in der erlebten Präsenz des Heiligen Geistes zu suchen. Dabei werden die Gottesdienstbesucher hineingenommen in den gemeinsamen Akt des Lob-Opfers, der in Lobgesang, Gebet und vielerorts auch Sprachengesang wahrgenommen wird. Begründet wird diese Art von Gottesdienst vor allem mit Stellen aus dem AT, und hier vor allem mit Psalmen. Siehe zum Beispiel Ps 47,1; 63,4. Elemente eines solchen Gottesdienstes sind auch in 1Kor 14,26f wieder zu finden. Historisch geht die Entwicklung dieses Gottesdiensttyps zurück auf die Tradition der Gottesdienste der Afroamerikaner in Nordamerika, die in der frühen Pfingstbewegung und dann vor allem in der charismatischen Bewegung ihre Weiterentwicklung erfahren haben (Basden 1999:77–84).

Stärken

Der Lobpreis-Gottesdienst weist eine Reihe von Stärken auf:

- Zum einen überströmt die Versammlung der Gottesdienstbe-sucher vor Freude und Dank für die Erfahrungen, die man mit Gott gemacht hat. Hier wird Gott als ein guter, gnädiger und zugleich allmächtiger Herr gefeiert, den man als Vater, Sohn und Heiliger Geist erfahren hat und erfahren möchte. Die fei-erliche Atmosphäre, unterstützt durch laute und flotte Musik, trägt zu einer sakralen Ausgelassenheit bei.

- Zum anderen bietet der Lobpreis dem Gottesdienstbesucher die Chance, Gott sehr persönlich zu erleben. Im Gottesdienst herrscht in der Regel die absolute Freiheit des persönlichen Ausdrucks. Ob jemand steht, sitzt oder liegt, Hände zum Gebet hebt oder diese in den Hosentaschen versenkt, betet oder schweigt – das alles ist jedem einzelnen überlassen.

Schwächen

- Der Lobpreis-Gottesdienst tendiert zu einer emotionalen Über-hitzung der Gemüter. Es ist relativ leicht, die Gefühle der Ver-sammelten zu manipulieren.

- Dieser Gottesdiensttyp ist vor allem erfahrungsorientiert. Wort-bezogene Besinnung ist hier eine periphere Erscheinung. Eine kritische Korrektur der gemachten spirituellen Erfahrungen ist nur begrenzt vorhanden und bei der aufgeheizten Atmosphäre auch kaum möglich.

- Inhaltlich tendieren diese Gottesdienste eher zu einer ober-flächlichen Wahrnehmung geistlicher Wahrheiten.

4.4.2.5 Gottesdienste für Suchende

Gottesdienste für Kirchenfremde oder Suchende (Seekers) gehen auf die Praxis der WCCC in Chicago unter der Leitung von Bill Hybels zurück, die seit den 1980er Jahren weltweit an Einfluss gewonnen hat. Dabei werden die Gottesdienste auf hohem Niveau so vorbereitet, dass jeder Aspekt das Evangelium an Menschen vermittelt, die sich noch nicht für ein Leben in der Nachfolge Jesu entschieden haben. Robert Schuller, der in seiner *Crystal Cathedral* in Kalifornien seit Jahrzehnten einen solchen Gottesdienst betreibt, sagt: „Mein Ziel ist jeden Sonntag Morgen prä-evangelistisch gefasst " (in Basden 1999:89). Dieser Satz fast die Essenz des Gottesdienstes für Sucher gut zusammen.

Das biblische Modell finden die Vertreter des Gottesdienstes für Suchende in Apg 17,16–34.

Stärken

Der Gottesdienst für Suchende hat viele Stärken:

- Er konzentriert sich auf Menschen, die Christus noch nicht kennen, und sucht sie in einer dialogischen Art und Weise für den Glauben zu gewinnen. Er ist somit ein hervorragendes Instrument für die Evangelisation.

- Er ist weitgehend kontextuell und damit auch aktuell. Hier werden Themen und Anliegen der Menschen ernst genommen und mit Antworten aus dem Glauben belegt.

- Dieser Gottesdiensttyp unterstreicht die Existenz der Kirche in der Welt: Sie ist für die Menschen da und nicht umgekehrt.

Schwächen

Der Gottesdienst für Suchende ist eine rein evangelistische Angelegenheit. Als solche weist sie neben den anerkannten Stärken wesentliche Schwächen auf:

- Die Konzentration auf den Kirchenfernen verlangt nach einem inhaltlichen Format, das *„nur"* die Einstiegsfragen des Glaubens behandelt. Menschen, die bereits Christus nachfolgen, erfahren hier nur bedingt Hilfe auf ihrem Weg des Glaubens.

- Die Konzentration auf suchende Menschen zwingt den Veranstalter, programmatisch das Gespräch mit dem Suchenden und weniger das Gespräch mit Gott zu bevorzugen. Im Mittelpunkt eines solchen Gottesdienstes wird daher eher die Verkündigung stehen, die das Denken des Menschen anregen soll. Anbetung tritt dagegen auf den zweiten Plan.

- Die Konzentration auf die Fragen von suchenden Menschen und der Versuch, diesen Fragen intellektuell zu begegnen, führt in der Regel dazu, dass man den Gottesdienst als Programm gestaltet, an dem der Teilnehmer nur als Besucher, als Zuschauer dabei ist. Wirkliche Gemeinschaft findet so nicht statt und wenn, dann erst nach dem Gottesdienst.

4.4.2.6. Gottesdienst in der Hausgemeinde

Hauskirchen sind Gottes Weg, die Welt zu verändern, behaupten Vertreter eines weltweit gelebten Modells des Gemeindebaus, das sich jenseits der etablierten christlichen Kirchen entwickelt hat.[73] Hier wird an die Praxis der Urgemeinde angeknüpft und gottesdienstliches Leben im Rahmen der Möglichkeiten eines privaten Hauses gefeiert. Auf formale Rahmenbedingungen wird weitgehend verzichtet. Gottesdienst ist hier eine Zusammenkunft der Familie.

Stärken

- Der Gottesdienst einer Hausgemeinde ist sehr persönlich. Die geringe Teilnehmerzahl im privaten Raum sucht und schafft eine vertraute Atmosphäre. Niemand kann sich in einem solchen Gottesdienst verstecken. Jeder wird gesehen und ist zur aktiven Teilnahme eingeladen.

- Der Gottesdienst einer Hausgemeinde ist gabenorientiert. Er nimmt auf, was vorhanden ist. Die Erwartungen sind gesenkt und eine feste liturgische Form eher schwierig.

- Der Gottesdienst in einer Hausgemeinde ist generationenübergreifend. Spezielle Angebote für Altersgruppen machen keinen Sinn. Eine Integration der Generationen wird wesentlich erleichtert.

- Der Gottesdienst in einer Hausgemeinde ist aktuell. Die Familien-Atmosphäre führt zu einem Dialog über tatsächlich Erlebtes. Man bleibt bei den theologischen Inhalten weniger abstrakt.

Schwächen

- Eine Hausgemeinde ist auf wenige Mitglieder angewiesen. Die hier vorhandenen Gaben markieren die Grenzen des Möglichen. Die Fülle der Gaben des Geistes ist hier eher nicht zu erwarten und somit können bestimmte Funktionen des Leibes Christi auch im Gottesdienst nicht gelebt werden.

- In der Hausgemeinde finden sich in der Regel Menschen wieder, die gerne zusammen sind. Gleiches zieht einander an. Die Gefahr eines Kuschelchristentums ist groß. Damit wird aber die grundsätzliche Orientierung der Gemeinde und speziell ihres Gottesdienstes am Missionsauftrag in Frage gestellt.

- Hausgemeinden entwickeln sich in der Regel homogen. Menschen, die sozial und/oder kulturell nicht dazu passen, werden nur selten zu einer Hausgemeinde finden. Das limitiert die Hausgemeinde im Bezug auf ihre Mission und Evangelisation. Die Gottesdienste in diesen Gemeinde können schnell zu einer Eigenart erstarren.

4.4.2.7 Emerging-Gottesdienst

Seit einigen Jahren wird, besonders in der westlichen Welt, das Modell der *Emerging Church* diskutiert. Auch in Deutschland existieren entsprechende Experimente. Eine eindeutige Festlegung auf einen Gottesdienst-Typus gibt es hier nicht. Gemeinde wird hier kontextuell gedacht und der Kontext bestimmt, wann, wie und in welchem Rahmen man zusammenkommt. Dabei legt man oft keinen Wert auf einen wiedererkennbaren christlichen Gottesdienst. So kann ein gemütliches Zusammensein im Pub, ein Jazz-Konzert oder auch ein Volleyball-Spiel schon als Gottesdienst gelten.

Stärken

- Der Emerging-Gottesdienst sucht das Erleben der Nähe Gottes im wirklichen Leben. So können Menschen, die sonst nichts von Gott und Glauben halten, eingeladen werden. Evangelistische Kontakte werden wesentlich erleichtert.

- Das wichtigste Anliegen des Gottesdienstes ist Mission. Dabei will man Mission existenziell, ganzheitlich, umfassend leben. Nicht was man sagt oder singt, sondern was man ist, ist von Bedeutung.

- Die Einbindung des Alltags in das Erleben der Gegenwart Gottes ermöglicht eine ganzheitliche Sicht Gottes. Hier wird Gott als Schöpfer und Erhalter des Lebens gefeiert.

- Die Betonung der Beziehungen zwischen den Menschen als Rahmen gottesdienstlichen Erlebens unterstützt die Gemeinschaft zwischen den Menschen und macht den Gottesdienst zu einem gemeinschaftlichen Event, bei dem Gott anwesend ist.

Schwächen

- Die Konzentration auf die Mission Gottes unter den Menschen kann eine einseitige Fixierung auf den Menschen und seine Bedürfnisse bewirken. Am Ende geht es dann nicht mehr um Gott, sondern um den Menschen.

- Das Aufgaben des klassisch-religiösen Charakters des Gottesdienstes birgt die Gefahr, das Besondere aus der Begegnung zwischen Gott und Menschen herauszunehmen. Was bleibt, ist der gemeinsame Alltag und die Begegnung zwischen Menschen. Das ist aber, theologisch gesehen, eine massive Verkürzung des Gottesdienstes auf humanistische Inhalte.

4.2.2.8 Gottesdienst in den Medien

Seit Jahren senden christliche Radio- und Fernsehkanäle auch Gottesdienste. Waren es am Anfang meist Aufnahmen von Gemeindeveranstaltungen in der einen oder anderen Kirche, so haben sich inzwischen, vor allem in Nordamerika, Gottesdienste etabliert, die ganz bewusst mediengerecht aufbereitet werden. Man geht davon aus, dass viele Menschen in dieser Welt nur noch am Bildschirm Gottesdienst feiern. Dazu kommen neuerdings die ersten Gehversuche von Internet-Gemeinden.

Stefan Böntert stellt in seiner Münsteraner Dissertation zum Thema grundsätzliche Überlegungen zur Möglichkeit des christ-

lichen Internet-Gottesdienstes an (Böntert 2005). Seine Schluss-
folgerungen lassen den christlichen Gottesdienst auch im Internet
zu. Er weist jedoch auf wesentliche Einschränkungen eines virtuellen Gottesdienstes hin (:297ff).

Stärken

• Gottesdienste in den Medien erreichen Menschen, die man
  sonst nicht in eine kirchliche Veranstaltung bringen würde. Sie
  stellen potente evangelistische Instrumente dar.

• Gottesdienste in den Medien sind keiner konfessionellen Tradition verpflichtet. Hier können Formen ausprobiert und eingeübt werden, die so im Rahmen traditioneller Kirchen undenkbar
  wären.

• Die Anonymität des Erlebens eines medialen Gottesdienstes
  ermöglicht den freien Lauf der Gefühle und Empfindungen
  und kann das Erlebnis zu einem lebensverändernden Ereignis
  machen. Beispiele aus der Praxis bestätigen diese Annahme.

Schwächen

Neben den positiven Eigenschaften sind auch eine Reihe nega-
tiver Begleiterscheinungen des medialen und virtuellen Gottesdienstes zu nennen:

• Medialer Gottesdienst ist immer ein virtueller Gottesdienst und
  damit begleitet ein solches Ereignis ein Hauch des Irrealen. An
  einem solchen Gottesdienst nimmt man nur bedingt teil. Ein
  Knopfdruck genügt, um sich eines solchen Gottesdienstes zu
  entledigen.

• Gottesdienst ohne leibhafte Präsenz der Teilnehmer steht in
  großer Gefahr, den Gottesdienstinhalt grundsätzlich zu verändern.[74] Der christliche Gottesdienst ist nie rein informativ, sondern immer auch gemeinschaftlich.

4.5. Was verbirgt sich hinter unseren Gottesdienstvorstellungen?

Die meisten Gemeinden sind sich ihres Gottesdienstverständnisses nicht bewusst. „Bei uns läuft das halt so", wird oft behauptet. Eine missionale Gemeinde wird darauf achten, ihren Gottesdienst bewusst zu gestalten. Hier werden sowohl Formen als auch Inhalte bewusst gewählt. Folgende Übung soll Ihren Blick für entsprechende Erklärungen schärfen. Bitte arbeiten Sie das Gottesdienstverständnis der Gemeinde X durch. Welche Schwerpunkte werden gesetzt? Welche Gottesdienstform wäre bei einem solchen Verständnis angebracht? Füllen Sie die folgende Tabelle aus, nachdem Sie den Text genau studiert haben.

Gottesdienstverständnis der Gemeinde X

Wir verstehen den Gottesdienst als Dienst an Gott. Deshalb gehört der Anbetung Gottes der wichtigste Platz in der Versammlung! Echte Anbetung geschieht nur in Geist und Wahrheit (Joh 4,24). Deshalb lassen wir uns in der Anbetung vom Geist Gottes leiten!

Wir verstehen den Gottesdienst als Dienst Gottes an den Menschen. Deshalb gehört Verkündigung des Wortes Gottes zum Gottesdienst. Diese kann in Predigt oder auch in spontaner Mitteilung der erfahrenen Offenbarung aus der Schrift geschehen.

Wir verstehen den Gottesdienst als Zusammenkunft zur gegenseitigen Erbauung. Deshalb gehört Gemeinschaft als fester Bestandteil zu unseren Gottesdiensten (Apg 2,42). Jeder von uns hat Gaben bekommen, die zur Erbauung des Nächsten dienen sollen (1Kor 12,7). Jeder ist aufgerufen, zum Gottesdienst vorbereitet zu kommen, seine Gabe anderen mitzuteilen (1Kor 14,26). Weil wir echte Gemeinschaft wollen, müssen Freiräume im Gottesdienst geschaffen werden, wo jeder Besucher die Freiheit hat, sich mitzuteilen und teilzuhaben.

Wir verstehen den Gottesdienst als Kommunikationsforum für die Gemeinde. Im Gottesdienst trifft sich die Familie Gottes wieder. Deshalb gehören die unterschiedlichen Mitteilungen zum Bestandteil unseres Gottesdienstes.

Wir leiten unser Gottesdienstverständnis von der Schrift ab. Als Modell dient uns dabei der neutestamentliche Gottesdienst in 1Kor 14,26 und die neutestamentliche Praxis, wie sie in Apg 2,42ff beschrieben worden ist.

Theologische Schwerpunkte	Biblische Begründung	Erkennbare Struktur	Mögliche Form	Anmerkungen

4.6 Veranstaltung mit Profil

Effektiver Gemeindebau setzt effektive Gottesdienst-Formen voraus. Dabei kann es sein, dass Formen, die an der einen Stelle als absolut geeignet wahrgenommen wurden, sich anderswo als Flop erweisen. „Es ist niemals eine Entscheidung für eine Form des Gottesdienstes oder gegen jede Form, sondern eher für eine geeignete und gegen eine ungeeignete Form des Gottesdienstes" (Segler 1996:220). Paul Basden zeigt in seiner Analyse der unterschiedlichen Gottesdienstformen in den Baptistengemeinden der USA, dass alle Formen als geeignet für das Wachstum der Gemeinde gesehen werden können (Basden 1999:41–134). Nicht die Form selbst, sondern der Kontext, in dem Gemeinde gebaut wird, bestimmt entscheidend, wie der Gottesdienst gestaltet werden kann. Man wird sich daher für das rechte Gottesdienst-Profil entscheiden müssen.

Dabei ist es wichtig, dass die gewählte Form nach folgenden Kriterien analysiert wird:

- Wer sind unsere Gottesdienstbesucher?

- Wen spricht diese Form an?

- Welche theologischen Inhalte lassen sich durch diese Form transportieren?

- Welche Mischform lässt sich denken?

- Welche Ziele verfolgen wir mit unserem Gottesdienst? Bedient die gewählte Form unser Ziel?

- Welches Potenzial ist vorhanden? Können wir den gewählten Gottesdiensttyp gestalten?

- Welche Inhalte müssen unbedingt durch den Gottesdienst transportiert werden?

- Was können wir nie aufgeben: Gebet, Wort Gottes, Gemeinschaft, Gesang?

Gottesdienste, die eine solche Bezeichnung verdienen, sind Veranstaltungen mit einem klaren Profil. Um diesen Punkt zu verdeutlichen, lade ich Sie ein, ein Profil des von Ihnen besuchten

Gottesdienstes zu erstellen. Es wird Ihre Arbeit erleichtern, wenn Sie sich dabei an die oben formulierten Fragen halten.

4.7 Was den Gottesdienst zum Gottesdienst macht

Formen sind wichtig. Aber Strukturen und Formen sind nicht alles. Theo Sorg wies bereits 1977 darauf hin, dass die Gottesdienst-Besucherzahlen, trotz der vielfältigen Experimente im Hinblick auf die Neugestaltung des Gottesdienstes, zurückgehen (Sorg 1977:62). Zehn Jahre später bestätigt er seinen Eindruck (Sorg 1987:56). Nach einer repräsentativen Studie der EKD besuchen 77 Prozent der Mitglieder der evangelischen Kirche in Deutschland, so viele wie nie zuvor, einen Gottesdienst (Huber u. a. 2006:453). Und das trotz einer Flut von neuen Gottesdienst-Gestaltungsideen. Es kommt darauf an, den Gottesdienst im Sinne Gottes zu gestalten. Wie nirgendwo sonst wird hier deutlich: „An Gottes Segen ist alles gelegen." Wer den Gottesdienst so gestaltet, dass Gott darin einen Raum vorfindet, in dem *er* handeln kann, der wird die Gottesdienst-Langeweile für immer überwinden.

Der Gottesdienst ist ein Koordinatensystem, in dem die vier wichtigen Prozesse zu einer Figur zusammenkommen: die Kommunikation, die Information, die Transposition (Verständigung, Mitteilung und Übersetzung) und die Erfahrung. Und zwar immer auf beiden Ebenen: der horizontalen zwischen Mensch und Mensch und der vertikalen zwischen Mensch und Gott.

Im Gottesdienst wollen wir Menschen in die Gegenwart Gottes führen. Das bedeutet, wir informieren über Gott, wir kommunizieren mit Gott und miteinander und wir bezeugen Gottes Gegenwart. Das Ziel ist Glaubenserfahrung. Das ist weit mehr als nur Wissensvermittlung. Der Mensch soll mit seinem Verstand und mit seinem Herzen vor den Thron Gottes kommen.

Diese Ziele können, ganz allgemein gesprochen, mit drei wesentlichen Programmpunkten erreicht werden:

- Lobpreis und Anbetung

- Gemeinschaft mit Gott und Menschen

- Hören auf das Wort Gottes

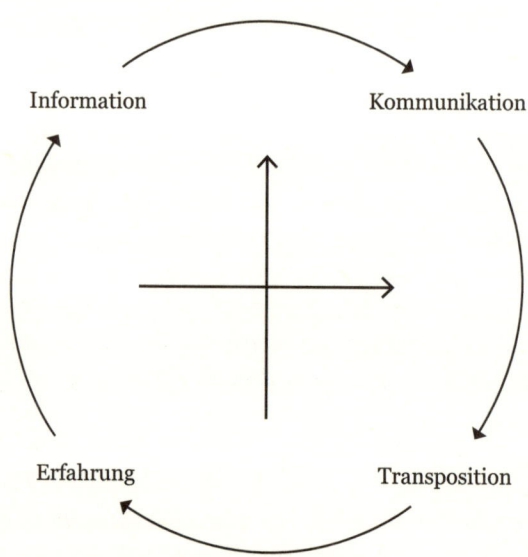

Abbildung 5: Gottesdienst als Koordinatensystem.

Das ergibt drei wichtige und unaufgebbare Schwerpunkte in einem missionalen Gottesdienst. Die gewählten Formen und Strukturen werden sich diesen inhaltlichen Schwerpunkten beugen müssen.

4.7.1 Lobpreis und Anbetung
4.7.1.1 Was ist Anbetung?

Das NT verwendet drei Begriffe, die mit Anbetung übersetzt werden können:[75]

- *sebomai* – Verehren im Sinne der Ehrfurcht = gottesfürchtig sein (Apg 18,7.13);

- *latreuo* – Verehren im Sinne von Dienen (Apg 24,14);

- *proskyneo* – Verehrung erweisen durch Selbsterniedrigung (Offb 5,14).

Der neutestamentliche Begriff meint also eine ehrfürchtige Haltung der Verehrung, die in inniger Beziehung zwischen Gott und

Menschen entsteht, und zwar in totaler Hingabe und Dienstbereitschaft. Der Begriff ist mit einer bestimmten Körperhaltung verbunden: Verbeugung, Kniefall, Niederwerfen. Wer Gott anbetet, der zeigt ihm seine Würde auch durch die Körperhaltung.

Anbetung steht Gott alleine zu: „Du sollst den Herrn, deinen Gott, anbeten und ihm allein dienen" (Mt 4,10). Als die Bewohner Lystras versuchten, Barnabas und Paulus entsprechende Anbetung zu Teil kommen zu lassen, setzten diese sich vehement zur Wehr (Apg 14,11–14). Auch die gotttreuen Engel verweigern jede Anbetung (Offb 22,9). Nur der Antichrist wird die Anbetung seiner Person von den Menschen fordern (Offb 13,4). Das ist jedoch Gotteslästerung. Anbetung darf sich nur an Gott richten.

4.7.1.2 Ort der Anbetung

Menschen haben ihre Orte der Anbetung schon immer besonders gewählt, gebaut und ausgezeichnet. Seit der frühesten Zeit der Menschheitsgeschichte sind uns Kultstätten bekannt. Auch in der Bibel werden solche Plätze als Ort der Anbetung Gottes beschrieben (1Sam 1,3; Ps 137,2). Die Stiftshütte und der Tempel in Jerusalem waren solche Plätze. Die Frage, wo man Gott anbetet und welcher Ort als besonderer Ort der Anbetung gelten darf, hat die Menschen schon immer beschäftigt. Nicht selten entstanden daraus Zwist und Streit und sogar Krieg und Mord. Was ist also der rechte Ort, wo man Gott anzubeten hat? Jesus spricht über die Frage nach dem rechtmäßigen Ort der Anbetung Gottes mit der Samariterin am Brunnen Jakobs in Joh 4,20–24. Auf ihren Einwand, dass die Juden in Jerusalem, die Samariter jedoch an diesem Brunnen anzubeten haben, sagt Jesus zu ihr:

„Frau, glaube mir, es kommt die Stunde, da ihr weder auf diesem Berg noch in Jerusalem den Vater anbeten werdet. Ihr betet an, was ihr nicht kennt; wir beten an, was wir kennen, denn das Heil ist aus den Juden. Es kommt die Zeit und sie ist schon da, da die wahren Anbeter den Vater in Geist und Wahrheit anbeten werden; denn auch der Vater sucht solche als seine Anbeter. Gott ist Geist, und die ihn anbeten, müssen in Geist und Wahrheit anbeten."

Für Jesus kommt es offensichtlich nicht so sehr darauf an, wo man Gott anbetet, sondern in welcher Haltung man es tut. Gott anzubeten heißt, ihn wahrzunehmen und darüber ins Staunen zu geraten! Das kann sich sehr unterschiedlich ausdrücken! Manche singen Lieder und bestaunen Gott dabei, andere werden still, sie sitzen einfach nur da und genießen die Gegenwart und die Schönheit Gottes! Manche sagen Gott, was ihnen an ihm gefällt! Das kann wie eine kleine Liebeserklärung sein. Anbetung kann ein reines Hören, aber auch „Hören und Reden" sein! Anbetung sieht die Größe und Herrlichkeit Gottes! Darum ist Anbetung so wichtig, weil wir Menschen oft nur uns selbst oder nur menschliche Dinge sehen! Anbetung besinnt sich auf die Gegenwart Gottes! Anbetung macht den Blick weit für die Wahrheit und für die Liebe und den Frieden Jesu Christi!

4.7.1.3 Aufgabe der Anbetung

Worin besteht nun die eigentliche Absicht und Aufgabe der Anbetung im missionalen Gottesdienst? Folgende Sätze fassen das Wesentliche zusammen. In der Zeit und im Raum der Anbetung finden Mensch und Gott zusammen.

- Wir bringen die Menschen in die Gegenwart Gottes.

- Wir zeigen den Menschen Gottes Größe und Allmacht.

- Wir genießen die Gegenwart Gottes miteinander.

- Wir hören gemeinsam auf Gott.

- Wir beugen uns gemeinsam vor Gott und zeigen ihm seine Würde in Ehrerbietung.

4.7.2 Gemeinschaft mit Gott und Menschen

Der zweite wesentliche Bestandteil des missionalen Gottesdienstes ist Gemeinschaft. Im Gottesdienst geht es um Gemeinschaft zwischen Gott und Mensch und der Menschen untereinander. Dabei ist die gottesdienstliche Gemeinschaft eine besonders qualifizierte Gemeinschaft.

4.7.2.1 Was ist Gemeinschaft?

Wie wir bereits oben gesehen haben, bezeichnet das NT die gottesdienstliche Gemeinschaft mit dem griechischen Wort *koinonia*, was eine Gemeinschaft von Gebenden und zugleich Nehmenden meint. Wir haben sie als Gemeinschaft der gegenseitigen Anteilnahme bezeichnet. In einer solchen Gemeinschaft ist niemand nur Gebender und niemand nur Nehmender. Hier geht es vielmehr um einen lebensaufbauenden Dialog. *Koinonia* ist grundsätzlich dialogisch. Man kann sich daher einen Gottesdienst, der sich koinonitisch versteht, nicht ohne Interaktion, Gespräch und Dialog vorstellen. Hier tritt Gott ins Gespräch mit seinen Kindern und hier unterhalten sich Christen miteinander. Daher wird jeder, der zu einem solchen Gottesdienst kommt, von Paulus aufgefordert, „etwas mitzubringen". Jeder hat etwas zu geben, der eine einen Psalm, der andere eine Weissagung und der dritte eine Ermahnung (1Kor 14,26). Erst so können die Glieder des Leibes Christi einander die Hand reichen und erst so wird der Leib natürlich wachsen (Eph 4,16).

4.7.2.2 Wo findet Gemeinschaft statt?

Es ist wichtig festzuhalten: Die Gemeinschaft, von der hier gesprochen wird, stellt nicht eine nachgottesdienstliche Erfahrung dar, wie das heute vielerorts üblich ist. In einem traditionellen Gottesdienst regiert nicht Gemeinschaft, nicht die gegenseitige Anteilnahme, sondern das Programm. In der missionalen Versammlung ist die *koinonia* ein wesentlicher Bestandteil des eigentlichen Gottesdienstes.

Das stellt enorme Anfragen an die Form und Struktur der gottesdienstlichen Zusammenkunft. In einem Gottesdienst, in dem die Sitzordnung in Reih und Glied angeordnet ist, kann man eigentlich nur mit dem Hinterkopf des vor einem sitzenden Bruders bzw. der vor einem sitzenden Schwester Gemeinschaft haben. Wie wenig eine solche Übung bringt, ist allgemein bekannt. Und in einem Gottesdienst, in dem das Eigentliche im Altarraum oder auf der Bühne passiert, da ist die Teilnahme eigentlich auf Bewunderung, Ablehnung oder sonstige Emotion begrenzt. Wer also Gemeinschaft im Gottesdienst will, wird den Gottesdienst in seiner Form und Struktur öffnen müssen und man wird Veranstaltungen, die sonst eher soziale Funktionen in einer christlichen Gemeinde erfüllten, jene gottesdienstliche Würde zurückgeben müssen, die sie als gottesdienstliches Ereignis erkennen lassen.

Jeder, der beispielsweise einmal das Abendmahl in einer Kleingruppe gefeiert hat, wird bestätigen können, wie viel persönlicher und auch bedeutsamer diese Erfahrung in einer im Kreis sitzenden und sich angeregt unterhaltenden Runde gewesen ist. Die Kleingruppe bietet einen natürlichen Raum für Gemeinschaft.

Interaktive, dialogisch gestaltete Gottesdienstformen können aber auch in großen, von vielen Hunderten von Menschen besuchten Gemeinden, durchgeführt werden. Da fängt man beispielsweise gemeinsam mit Lobpreis und Anbetung an und teilt sich anschließend in mehrere übersichtliche Gruppen, die themen-, gaben- oder auch aufgaben- und dienstzentriert zusammengestellt sind. Hier hat man dann die kleine Gruppe wieder mit all der Gesprächskultur, die man im Plenum kaum verwirklichen kann. Ansätze hiervon hat man in jenen Gemeinden, die im Gottesdienst eine Gebetsgemeinschaft in Bienenkörben anbieten. Doch die gleiche Struktur lässt sich nicht nur für das Gebet, sondern für eine Fülle von kommunikativen und gemeinschaftsbildenden Maßnahmen einsetzen.

Und sogar da, wo man sich gegen eine Aufsplitterung der Gottesdienstgemeinde in Gruppen wehrt, lassen sich Elemente des interaktiven Miteinanders leben. Man denke an Gottesdienste, die ihren Schwerpunkt im Zeugnis oder Segen haben. In einem Zeugnisgottesdienst kann jeder sein Zeugnis in Wort, Lied, Pantomime oder auch anderen Ausdrucksmitteln weitergeben. Und im Segnungsgottesdienst kann jeder sein Leben unter den Segen Gottes und seiner Kinder stellen.

Ich denke gerne an Gottesdienste, wo wir die Fußwaschung praktizierten, füreinander beteten und einander segneten und dann nicht selten auch noch das Abendmahl zusammen nahmen. Menschen, die einen solchen Gottesdienst besuchen, werden in eine persönliche Gemeinschaft der Kinder Gottes mit hinein genommen. Sie können ihre Fragen, Nöte, Bedürfnisse und Freuden weitergeben. Und sie werden gehört und verstanden. So entsteht jene Familienatmosphäre, in der Gott, der Vater, wirken will und wird.

4.7.2.3. Aufgabe gottesdienstlicher Gemeinschaft

Worin besteht nun die Aufgabe der Gemeinschaft im missionalen Gottesdienst? Folgende Schwerpunkte lassen sich denken:

- In und durch die Gemeinschaft der Gläubigen werden Gaben des Geistes erkannt und praktiziert. Das APEHL-Team einer Gemeinde wird daher immer darauf achten, das gemeinschaftliche Element des Gottesdienstes zu stärken.

- Durch die Gemeinschaft wird der Leib Christi als allgemeines Priestertum aller Gläubigen sichtbar. Gemeinde als priesterliche Gemeinschaft wird verstanden und kann dann auch im Alltag gelebt werden.

- Durch die Gemeinschaft geschieht Seelsorge und geistliche Erbauung an den Menschen. Man lernt voneinander, man lernt praktisch durch das Lebenszeugnis der anderen und man lernt natürlich. In der Gemeinschaft findet eine Familien-Sozialisation statt.

- Durch die Gemeinschaft wird Evangelisation gefördert. Wenn alle sich mitteilen, wenn alle helfen und allen geholfen wird, dann trauen sich auch ungläubige Menschen, diesen natürlichen Heilsraum zu betreten. Wo gedient und miteinander geredet wird, da haben Propaganda und Druck in der Regel keinen Platz. Hier findet Evangelisation natürlich statt.

Gottesdienstliche Gemeinschaft ermöglicht demnach Zeugnis und Dienst, zwei wesentliche Bedingungen für die erfolgreiche Verkündigung.

4.7.3 Hören auf Gottes Wort
4.7.3.1 Was ist die Aufgabe der Verkündigung in einer gottesdienstlichen Veranstaltung?

Unser modernes evangelisches Gottesdienstverständnis ist weitgehend von Martin Luther geprägt. Für Luther war der christliche Gottesdienst unbedingt wortzentriert. Wir haben es bereits zitiert – bei der Einweihung der Schlosskirche in Torgau am 5. Oktober 1544 formuliert er sein Gottesdienstverständnis wie folgt:

> „... dass nichts anderes darin geschehe, denn dass unser lieber Herr selbst mit uns rede durch sein heiliges Wort, und wir wiederum mit ihm reden durch Gebet und Lobgesang."[76]

Für Luther stellt die Verkündigung des Wortes Gottes die eigentliche Mitte des Gottesdienstes dar. Luther schreibt: „Alles Gottesdienstes das größte und vornehmste Stück ist, Gottes Wort zu predigen und zu lehren."[77] Für Luther konstituiert die Predigt den Gottesdienst. Und seit Luther ist der klassische Predigtgottesdienst die eigentliche Norm evangelischer und evangelikaler Gottesdienstkultur. Wahr daran ist das Interesse an der Kommunikation des Wortes Gottes. Fraglich dagegen die Annahme, dass die Predigt das absolute und oft einzige Instrument der Vermittlung des Wortes Gottes sein soll. Ist doch Predigt nicht gleich Verkündigung.[78]

John Stott formuliert die klassische Aufgabe des Predigers mit dem Satz: „Seine Aufgabe ist es, die ein für alle Mal gegebene Offenbarung eingehend darzulegen und zu erklären" (Stott 1979:10). Die Aufgabe des Predigers ist demnach Exposition, Auslegung des Wortes Gottes. Nicht mehr und nicht weniger. Der Prediger ist so gesehen weder Prophet noch Apostel, sondern bestenfalls Haushalter. Stott zitiert dazu das Wort aus 1Kor 4,1.2: „Dafür halte uns jedermann für Christi Diener und Haushalter über Gottes Geheimnisse." Das hier verwendete Wort für den Haushalter *oikonomos* wird oft schnell als Verwalter übersetzt. Als Folge haftet dann auch dem Prediger das Image eines Managers des Wortes Gottes an. Doch das Bild des Ökonomen lässt sich nicht so leicht auf die Aufgabe eines Managers reduzieren. Sicher war der Ökonom des Hauses ein Verwalter des Eigentums seiner Herrschaft. Er war nicht der Eigentümer, sondern Leiter des wirtschaftlichen Betriebes, der Personalchef der Hausdiener. Modern ausgedrückt, finden sich im neutestamentlichen Begriff des *oikonomos* sowohl Verwaltungs- als auch Führungsqualitäten. Petrus trägt dem Gesagten Rechnung, indem er darauf hinweist, dass Christen zu „Haushaltern der mannigfaltigen Gnade Gottes" (1Petr 4,10) gemacht worden sind. Und da ist jeder dazu berufen, „mit der Gabe zu dienen, die man empfangen hat". So bezeichnet sich Paulus, der Apostel Jesu Christi, selbst als Haushalter (1Kor 4,1). Die Geheimnisse Gottes, die er verwaltet, verwaltet er als Apostel und Führer der noch jungen hellenistischen Gemeinde. Seine Briefe sind ein eindrucksvolles Beispiel dafür, wie er sowohl die Vision als auch die Mission der Gemeinde Jesu zu formulieren wusste. In seiner Rede zu den Ältesten von Ephesus sagt er: „Ich habe nicht unterlassen, euch zu verkündigen den ganzen Ratschluss Gottes" (Apg 20,27).

Paulus verkündigte demnach das Wort Gottes mit einem Ziel und hatte eine feste Vorstellung davon, wie er seinen Mitarbeitern den Willen Gottes weitersagen wollte, damit sie Gottes ganzen Heilsplan verstehen und danach leben konnten. Als Haushalter des ihm anvertrauten Wortes sah er zu, dieses weise zu verwalten. Ganz im Einklang mit den Worten Jesu in Lk 12,42:

> *„Wer ist denn der treue und kluge Haushalter, welchen der Herr setzt über sein Gesinde, dass er ihnen zur rechten Zeit gebe, was ihnen gebührt?"*

Der neutestamentliche Haushalter ist also mehr als ein Manager von Worten, er ist ein Führer des ihm anvertrauten Hauses, der in aller Weisheit dafür zu sorgen hat, dass die ihm untergebenen Diener die nötige Hilfe erhalten, um zu Bestleistungen fähig zu werden. Oder wie Theo Sorg (1984:14) es formuliert:

> *„Rechte Predigt will dazu helfen, dass Menschen im Glauben Christus nachfolgen und ihr Leben in der Verbindung mit ihm führen an allen Tagen und in allen Lagen: in den Pflichten des Alltags ebenso wie in den Krisen des Lebens; in den Aufgaben, vor die wir in der Gegenwart gestellt sind, in den Ängsten, die von einer dunklen Zukunft ausgehen."*

Der Prediger als Haushalter ist demnach nicht nur Verwalter, sondern auch Führer. Er soll durch das ihm anvertraute Wort anleiten. Paulus ermutigt daher seinen Mitarbeiter Timotheus, er solle sich als ein rechtschaffener und unsträflicher Arbeiter erweisen, „der recht austeilt das Wort der Wahrheit" (2Tim 2,15). Das hier gebrauchte Wort bedeutet so viel wie „in gerade Richtung schneiden" und wurde vor allem im Zusammenhang mit dem Bau von Landstraßen gebraucht. So wird in der LXX in Spr 3,6 der Ausdruck: „Er wird gerade machen deine Pfade" gebraucht (Stott 1979:23).

Timotheus soll in seiner Predigt einen geraden Weg schneiden, einen geradlinigen Prozess auslösen. Timotheus soll durch seine Predigt leiten. Seine Verkündigung vermittelt vor allem Gottes Wort und dieses Wort ist Grund und Ermöglichung jeglichen Lebens auf der Erde. Gott sprach und es geschah – so wird der Schöpfungsakt uns überliefert. Das gilt für alles Leben auf Erden und natürlich gilt es auch im Bezug auf die Gemeinde. Die Gemeinde Jesu ist von diesem Wort ins Leben gerufen und wird von diesem Wort getragen. Wo Christen ihr Leben entsprechend des offenbarten Willens Gottes gestalten wollen, da sind sie auf die Wirkung des Wortes Gottes angewiesen. Unmissverständlich formuliert es der Apostel an seinen Schüler Timotheus.

> „Alle Schrift ist von Gott eingegeben und nützlich zu Belehrung, zur Überführung, zur Zurechtweisung, zur Erziehung in der Gerechtigkeit, damit der Mensch Gottes ganz zubereitet sei, zu jedem guten Werk völlig ausgerüstet" (1Tim 3,16–17).

Wahres Leben aus Gottes Hand ist auf das Wort Gottes angewiesen. Der missionale Gottesdienst, der sich von der Vision Gottes, Leben auf Erden zu gestalten, inspirieren lassen will, kann niemals ohne das Wort Gottes auskommen.

4.7.3.2 Das Kommunikationsmittel

Verkündigung des Wortes im Gottesdienst hat also eine zentrale Aufgabe. Sie gibt den versammelten Menschen Orientierung im Leben. Sie will und sie kann leiten. Dabei kommt es nicht so sehr auf ausgefeilte Reden an, sondern auf einen vom Geist Gottes gesteuerten kommunikativen Prozess, wie Paulus in 1Kor 2,1–5 schreibt:

> *„Auch ich, liebe Brüder, als ich zu euch kam, kam nicht mit hohen Worten und hoher Weisheit, um euch das Geheimnis Gottes zu verkündigen. Denn ich habe beschlossen, unter euch nichts zu wissen als allein Jesus Christus, den Gekreuzigten. So kam ich zu euch in Schwachheit und in Furcht und mit großem Zittern; und mein Wort und meine Predigt geschah nicht mit überredenden Worten menschlicher Weisheit, sondern wirkte durch den Erweis des Geistes und der Kraft, damit euer Glaube nicht auf Menschenweisheit beruhen sollte, sondern auf Gottes Kraft."*

Paulus geht es hier um die Kommunikation des Evangeliums von Jesus Christus in und aus der Kraft Gottes. Nicht menschliche Weisheit, sondern Gottes Absicht und Willen verkündigt der Prediger des Wortes Gottes. Ihm mögen zwar die Instrumente erfolgreicher Kommunikation zur Verfügung stehen, aber überzeugen kann die Verkündigung dadurch nicht. Sie ist *per definitionem* auf Gottes Kraft angewiesen.

Muss diese Verkündigung unbedingt als Predigt formatiert werden? Wenn Predigt eine theologische Rede zu einem Bibelwort meint, dann bestimmt nicht. Es geht um die Kommunikation des Wortes und nicht um die Verteidigung eines Kommunikationsinstruments.

4.7.3.3 Zweck und Ziel der Verkündigung

Was ist Zweck und Absicht der Verkündigung im missionalen Gottesdienst? Paulus drückt seine Predigtabsicht in 1Kor 2,5 wie folgt aus: „... damit euer Glaube nicht auf Menschenweisheit beruhe, sondern auf Gottes Kraft". In der paulinischen Predigt ging es also um Glauben oder um eine funktionierende persönliche Beziehung zwischen Gott und Mensch. Die Wiederherstellung dieser durch Sünde zerbrochenen Beziehung, die Vertiefung und Pflege auf dem Weg mit Gott – das ist die Absicht der Verkündigung. So verstanden, ist Verkündigung nichts anderes als Anleitung zum Leben mit Gott.

Unsere Hörer sind je nach Herkunft und Situation an ganz unterschiedlichen Punkten ihrer Reise mit Gott. Die einen stehen noch ganz am Anfang, die anderen sind längst fortgeschritten und selbst am Predigen. Aber sie alle müssen im Glauben unterwiesen werden. Sie alle meint das Wort Gottes.

Die Predigt des Wortes Gottes als Anleitung zum Leben mit Gott zu verstehen, darf uns allerdings nicht über die Tatsache hinwegtäuschen, dass eine Anleitung nicht schon die Erfahrung des Lebens selbst ist. Christliche Verkündigung kann daher nicht den Lebensakt selbst begründen, sondern tritt eher als Orientierungshilfe auf dem Weg auf. Und nichts fehlt den Menschen heute so sehr wie Orientierung.

Verkündigung als Orientierungshilfe deckt die erfahrene Wirklichkeit im Lichte des Evangeliums auf und führt in die Weite des Reiches Gottes. Beides, die Aufdeckung des Alltags als auch die Bestimmung des Horizonts der Verheißung für die Zukunft, muss als Prozess begriffen werden. Verkündigung als Orientierungshilfe ist genau so wenig statisch möglich wie das Leben, in dem unsere Zuhörer zurechtkommen müssen. Sie ist vielmehr Anleitung, ein Prozess, eine Bewegung, eine Neuorientierung im Vollzug. Und der Verkündiger, der so aktive Prediger, ist dann mehr als nur Redner, er ist Leiter.

Anmerkungen

61 Siehe hierzu das Konzept von C. Möller zum Gottesdienst und Gemeindeaufbau (Möller 1990:13).

62 Siehe zum Thema das hervorragend gearbeitete Buch von Kathy Black (2000).

63 http://de.wikipedia.org/wiki/Gottesdienst.

64 So u. a. Sorg (1993:804ff), Mauerhofer (1998:161ff), Kuen (1986:216).

65 Siehe hierzu die Ausführungen von Ratzmann (1999:57ff), der sich kritisch mit den auf den Evangelischen Kirchentagen vorgestellten Liturgien auseinandersetzt.

66 In seiner Vorrede zur Deutschen Messe spricht Luther von drei Formen des Gottesdienstes; der Lateinischen, der Deutschen Messe und dem Hausgottesdienst. Siehe in diesem Zusammenhang Kummer 2005:61ff.

67 Schlaudraff 1998:6, zitiert nach Beck 2007:83.

68 Siehe dazu: www.zweitgottesdienste.de.

69 Siehe dazu die Diskussion bei Beck 2007:86ff

70 Zur Geschichte des liturgischen Gottesdienstes siehe: Segler 1996:29–36; Basden 1999:43–51.

71 In Nordamerika wechseln Tausende Evangelikaler zu den alten Kirchen, beispielsweise zu der Orthodoxie. Siehe hierzu: Basden 1999:41.

72 Zur Geschichte des traditionellen Gottesdienstes siehe: Segler 1996:36–44, Basden 1999:56–61.

73 Siehe zum Beispiel Simson 1999.

74 Zur Diskussion über die Beziehung zwischen Theologie und der virtuellen Realität, siehe Prokes 2004. Die Autorin warnt mit Recht vor einer massiven Veränderung der Botschaft des Evangeliums, wenn diese sich allein auf den virtuellen Raum beschränkt.

75 Zur Bedeutung des Begriffs siehe Harrison 2003:871.

76 Zitiert in Henning 2003:55, siehe WA 12,35ff, 1523.

77 Zitiert nach Kummer 2005:70. Siehe WA 19,78,26f.

78 Siehe zu diesem Thema meine Ausführungen in „Leiten durch Verkündigung" (Reimer 2008).

Kapitel 5

Gottesdienstleitung

5.1 Kein Gottesdienst ohne Leitung

Der christliche Gottesdienst ist eine geleitete Veranstaltung. Das ist nicht nur allgemeine Praxis in den Gemeinden weltweit, sondern auch eine gängige Erkenntnis. Gottesdienste, so spontan und frei sie auch gestaltet werden, bedürfen einer mehr oder weniger straffen Leitung. Und je spontaner der Gottesdienst, desto größer die Leitungsverantwortung. Missionale Gottesdienste verlangen deshalb nach einer hoch effektiven Leitung. Es ist also verständlich, dass die Frage nach einer adäquaten Gottesdienstleitung immer deutlicher gestellt wird. Zu lange hat man sich in der Gemeinde mit einer Leitung abgegeben, die sich zwar deutlich mit den Inhalten, jedoch wenig mit der Form und Gestalt des Gottesdienstes beschäftigt hat. Es ist wichtig, danach zu fragen, wer den Gottesdienst leiten kann und soll. Wie bereitet man entsprechende Leiter auf ihren Dienst vor? Und wie funktioniert effektive Gottesdienstleitung? Diese und ähnliche Fragen entscheiden im Wesentlichen über den Erfolg oder Misserfolg des Gottesdienstes, über seine Attraktivität oder Tristess.

Doch während man erstaunlich viel erstaunlich fundiertes Material zum Wesen des evangelischen Gottesdienstes findet, erschöpft sich die Literatur zur Gottesdienstleitung mit der Technik der Planung und Leitung des Gottesdienstes. Dabei stellt gerade die Leitung einer solch anspruchsvollen Veranstaltung eine enorme Herausforderung dar. Im Folgenden will ich deshalb ein paar grundsätzliche Überlegungen zur Gottesdienstleitung im Allgemeinen und zum Gottesdienstleiter im Speziellen formulieren.

Doch bevor wir uns näher damit beschäftigen, sollten Sie sich wieder einmal auf die Ihnen bekannte Praxis der Gottesdienstleitung besinnen. Bitte beantworten Sie folgende Fragen:

a) Wer leitet in Ihrer Gemeinde den Gottesdienst?

b) Warum leiten ausgerechnet diese Personen den Gottesdienst?

c) Wodurch zeichnen sich Gottesdienstleiter in der Gemeinde aus?

d) Wäre es denkbar, dass auch andere den Gottesdienst leiten?

e) Welche Rolle kommt der Gottesdienstleitung zu?

f) Wie werden Gottesdienstleiter in Ihrer Gemeinde berufen? Wie werden sie geschult?

Kann es sein, dass die Qualität der Gottesdienstleitung in Ihrer Gemeinde direkt mit der „Qualität" der Personen, die den Gottesdienst leiten, zusammen hängt? Ich glaube schon. Wir fragen daher gezielt nach der Art des Leiters, der einen Gottesdienst, wie wir ihn von der Schrift her verstanden haben, leiten kann, ja soll. Wer sind diese Menschen, die Gott berufen hat, das wichtigste Ereignis seiner versammelten Gemeinde zu leiten?

5.2. Keine Leitung ohne Leitungsteam

Wer sind die Menschen, die Gottesdienste gottgewollt und effektiv leiten? Ist es genug, ein guter Moderator zu sein, der im Programm von einem Punkt zum anderen leitet? Nein. Das wäre nicht genug. Missionaler Gottesdienst ist weit mehr als ein religiöses Programm. Wer will, dass in einem solchen Gottesdienst Menschen zum Werk ihres Dienstes, sprich zu ihrer eigentlichen Lebensmission, angeleitet und zugerüstet werden, der wird sich mit dem Apostel Paulus sagen lassen müssen, dass ein solches Vorhaben immer ein Team voraussetzt. In Eph 4,11–12 heißt es:

> *„Und er hat etliche als Apostel gegeben, etliche als Prophe- ten, etliche als Evangelisten, etliche als Hirten und Lehrer zur Zurüstung der Heiligen, zum Werk des Dienstes, zur Erbauung der Leibes des Christus."*

Gott gebraucht ein Team von Menschen unterschiedlicher Bega- bung, um jenen Raum zu schaffen, in dem sich Mensch und Gott begegnen. Und dieses Team besteht aus Aposteln, Propheten, Evangelisten, Hirten und Lehrern.[79] Mit anderen Worten: In einem missionalen Gottesdienst sollte zuerst einmal klar sein, was die Mission der Gemeinde und die des konkreten Gottesdienstes ist. Damit ist *die apostolische Frage* gestellt: Was soll der kon- krete Gottesdienst zum Aufbau des Reiches Gottes beitragen? Es sind apostolisch begabte Menschen, die ihre Augen auf das Reich Gottes und Gottes Mission in der Welt richten. Wo ihre Sicht der Dinge fehlt, da mischen sich in unsere Gottesdienste bald rein menschliche und religiöse Motive. Nichts wurde in der Geschichte des christlichen Gottesdienstes so schnell zur Seite geschoben wie die missionarische Ausrichtung. Apostel sind unerlässlich für die Leitung des gottesdienstlichen Lebens der Gemeinde.

Damit man aber die Frage nach der konkreten missionarischen Verantwortung wirklich beantworten kann, braucht man eine *pro- phetische Einsicht* in die Situation der Gemeinde und der Gottes- dienstbesucher. Sonst steht man in der Gefahr, einen Gottesdienst zu gestalten, der niemanden wirklich angeht. Es ist klar, dass an dieser Stelle Menschen gefragt sind, die von Gott mit einer pro- phetischen Einsicht begabt worden sind. Das prophetische Wort ist ein Wort der Konkretisierung des Willens Gottes in die Situa- tion der Menschen hinein.

Missionaler Gottesdienst ist vor allem daran interessiert, dass der Gottesdienstbesucher ins Gespräch mit Gott kommt. Er wird daher immer *evangelistisch fokussiert* werden müssen. Und damit ist ein Evangelist gefragt. Er möchte die Menschen am liebsten auf den Knien vor Gott sehen. Fehlt er, so wird es auch nur selten vor- kommen, dass Menschen die Nähe Gottes als Heilsraum suchen.

Aber Evangelisten sind in der Regel Menschen mit klarer Sprache. Sie reden mit dem Ziel, zu bekehren. Evangelisten allein stehen jedoch in großer Gefahr, unsensibel vorzugehen und Menschen abzustoßen, anstatt sie zu gewinnen. Da sind Hirten anders. Sie lassen die 99 liegen und suchen das eine verlorene Schäfchen. Missionale Gottesdienste brauchen daher auch den Pastor. Ohne eine *pastorale Ausrichtung* des Gottesdienstes wird es schwer sein, jene liebevolle Wärme zu verwirklichen, die den Menschen da abholt, wo er wirklich steht, ihn oder sie ernst nimmt und buchstäblich in die Begegnung mit Gott trägt.

Und schließlich ist da der Lehrer. Ihm geht es um die *theologische Wahrheit*. Er oder sie will nichts mehr, als dass der Wille Gottes, so wie Gott ihn in seinem Wort niedergelegt hat, auch verwirklicht wird. Fehlt der Lehrer im Gottesdienst, so wird bald das Wort Gottes aus der Mitte des Gottesdienstes verbannt und andere Kräfte werden den Gottesdienstalltag dominieren.

Es ist deutlich geworden, dass das gottesdienstliche Leben in der Gemeinde von einem APEHL-Team geleitet werden muss. Nur so wird der gottesdienstliche Raum zu jenem Raum, in dem der Mensch zu seinem ihm von Gott zugedachten Dienst findet.

Heißt das nun, dass jeder Gottesdienst in der Gemeinde von einem APEHL-Team geleitet werden muss? Wie unrealistisch ist das! Nein, natürlich nicht. Aber das APEHL-Team sollte das gottesdienstliche Leben wesentlich gestalten. In aller Regel sollte das Ältestenteam einer Gemeinde die oben beschriebenen Gaben mitbringen. Und so wäre es beispielsweise wichtig, dass sie die Themen für die Gottesdienste setzen und die Mitarbeiter, die den konkreten Einzelgottesdienst vorbereiten, berufen und einsetzen.

5.3. Keine Leitung ohne Mitarbeiter

Gottesdienste sind konkrete Veranstaltungen. Sie müssen geplant, organisiert und geleitet werden. Nichts ist einem missionalen Gottesdienst so fremd wie Unordnung. Gott, dem der Gottesdienst Raum und Zeit bietet, mit Menschen zu kommunizieren, ist kein Gott der Unordnung, sondern des Friedens (1Kor 14,33). Wer Freiräume für Gottes Wirken gestalten will, der wird sich darum bemühen, beides im Blick zu behalten – Ordnung und Frieden. Freilich kann damit nicht eine feste Gottesdienstordnung gemeint sein, die zeitlos wäre. Missionale Gottesdienste bemühen sich darum, verständlich und kulturell zugänglich zu sein. Und gerade deshalb verlangen sie nach einer guten Organisation und Leitung. „Gottesdienstleitung ist immer beides: Vorrecht und Last" (Basden 1999:141).

Wer sind die Menschen, denen ein solches Vorrecht zugesprochen, eine solche Last auferlegt werden kann? Folgende Überlegungen können helfen, in dieser Frage Klarheit zu gewinnen.

5.3.1 Menschen, die das Wesen des Gottesdienstes verstehen

Es ist eine Binsenweisheit: Man kann nur leiten, was man auch verstanden hat. Wie will man eine Versammlung zum vorgegebenen Ziel führen, wenn man das Ziel selbst nicht verstanden hat? Gottesdienstleiter verstehen also, was ein Gottesdienst ist und warum die christliche Gemeinde ihre Gottesdienste feiert. Und weil der Gottesdienst wesentlich mit Gott und seinen Ansichten zu tun hat, suchen Gottesdienstleiter Gott zu verstehen.

Kevin J. Navarro formuliert daher richtig, wenn er von jedem Gottesdienstleiter verlangt, dass dieser Theologe sein muss (Navarro 2001:17). Wobei „Theologe" hier nicht für einen wissenschaftlich ausgebildeten Kenner theologischer Theorien steht, sondern für jemanden, der gelernt hat, die Dinge von Gott her zu denken. Denn das ist im Wesentlichen, was das Wort Theologie bedeutet – es setzt eine Logik voraus, die von Gott kommt.

Die Aufgabe des Gottesdienstleiters ist es, eine Veranstaltung aufzubauen, in der Gott zu seinem Recht kommt, die so gestaltet wird, dass Gottes Anliegen wahrgenommen und ernst genommen werden. Hier geht es nicht so sehr um die Verwirklichung eigener Ideen. Es geht auch nicht um die Moderation eines Events, sondern um die Gestaltung eines Dialogs zwischen Gott und Mensch. Und einen solchen Dialog kann man nur gestalten, wenn man sich der Absicht Gottes bewusst ist.

5.3.2 Menschen in persönlicher Beziehung zu Gott

Gott selbst gestaltet seinen Gottesdienst. Es ist vor allem sein Event. Und es geht dabei um seine Herrlichkeit, seine Ehre, seine Macht, seinen Auftrag und sein Volk. Der christliche Gottesdienst ist ein gottzentrierter Gottesdienst, ein geistliches Ereignis, das der Heilige Geist leitet. Es ist daher von immenser Bedeutung, dass der Gottesdienstleiter oder die Gottesdienstleiterin in enger Beziehung mit Gott steht. Zu wissen, was Gott im Allgemeinen im Gottesdienst will, ist wichtig und richtig.

Aber theologische Erkenntnis allein ist nicht ausreichend. Der Gottesdienstleiter muss hören, was Gott *jetzt* will. Der christliche Gottesdienst lebt nicht von der religiösen Besinnung, sondern von der unmittelbaren Begegnung. Es ist ein pneumatisches Ereignis, in dem Gott unmittelbar und real das Gespräch mit dem Menschen sucht und gestaltet. Wer einen solchen Dialog leiten will, der muss sein Ohr bei Gott haben. Eine allgemeine Fähigkeit, Veranstaltungen zu moderieren, reicht hier nicht aus.

Christliche Gottesdienste können nur von Menschen geleitet werden, die mit Gott kommunizieren, die zu Gott reden und die Gottes Stimme hören. Es sind Menschen, deren Geist vom Geist Gottes angesprochen wird, der ihnen sagt, dass sie ein Kind Gottes sind (Röm 8,16). Es sind Menschen, die ein Ohr des Jüngers haben, die hören, was Gott will, und deshalb auch reden können, was Gott ihnen sagt (Jes 50,4). Hier wird eine geistliche Gabe der Erkenntnis und der Weisheit verlangt, die nur Gott selbst dem Menschen schenkt (1Kor 12,8).

5.3.3 Menschen mit einem Blick für Gnade und Heil

Der christliche Gottesdienst ist von seinem Wesen her eine missionale Veranstaltung. Es ist die Versammlung der zur Verantwortung für die Welt berufenen Gemeinschaft. Diese Gemeinschaft ist da, um der Welt Gottes Versöhnung zu predigen, weil Jesus Christus für die Welt gestorben ist und ihre Schuld am Kreuz von Golgatha bezahlt hat. Sein erlösendes Werk steht im Mittelpunkt der Versammlung. Um ihn und seine Mission in dieser Welt geht es in erster Linie. Wer einen solchen Gottesdienst leitet, der sollte

Gottes Heilsabsicht verstehen und dem müsste es um die Erlösung der Menschen gehen. Navarro macht in seinem Buch über Gottesdienstleiter deutlich, dass es diese Heilszentriertheit des Gottesdienstleiters ist, die am Ende für den Erfolg eines evangelischen Gottesdienstes mitverantwortlich ist (Navarro 2001:53ff). Dabei kommt es wesentlich darauf an, dass der Gottesdienst im Geiste des Evangeliums ein Gottesdienst der Gnade ist.

In einem solchen Gottesdienst geht es nicht an erster Stelle um eine dogmatische Richtigkeit, es geht nicht um die Verkündigung des Gesetzes, sondern um einen Heilsraum, wo auch der Unvollkommene, Zerbrochene, Verletzte und Suchende seinen würdigen Empfang und Platz erhält. Es ist im wahren Sinn des Wortes ein Gottesdienst für alle. Jeder hat eine Gabe, die es wert ist, im Heilsraum des Gottesdienstes auf den Altar gelegt zu werden (1Kor 14,26). Gottes Heil müsste zum Lebensstil des evangelischen Gottesdienstes werden (:58).

Ein wesentliches Element eines gnadenreichen Gottesdienstes sind freie Beiträge der Gottesdienstbesucher. Wo dieses Zeugniselement im Gottesdienst fehlt, da werden am Ende Legalismus und Nominalismus überhand nehmen. Gnade ist immer persönlich. Sie wird deutlich, indem man sein Leben für den anderen öffnet. Und wo dies im persönlichen Zeugnis stattfindet, wird der Gottesdienst zum Erlebnis für Menschen, die nach Gnade und Zuneigung suchen.

Der Gottesdienstleiter zeichnet im Wesentlichen verantwortlich für den Aufbau einer gnadenreichen Heilsatmosphäre im Gottesdienst.

5.3.4 Menschen mit einer Bereitschaft, Gottes Wort zu predigen

Im evangelischen Gottesdienst geht es um Gott, der uns Menschen seinen Willen offenbart. Es ist ein kommunikatives Ereignis. Und Gott kommuniziert durch sein Wort. Gottesdienstleiter werden daher immer darauf achten, dass das Wort Gottes einen gebührenden und zentralen Platz im Gottesdienst bekommt. Möglich ist es nur durch die persönliche Liebe des Gottesdienstleiters zum Wort. „Es gibt nichts Kraftvolleres als einen Gottesdienstleiter, der von der Botschaft geformt wird", schreibt Kevin Navarro (2001:63).

Wer vom Wort Gottes lebt, der wird immer dafür sorgen, dass das Wort gesprochen wird. Der Gottesdienst ist in dieser Hinsicht ein proklamatives Ereignis. Dabei ist nicht nur an die Predigt zu denken. Alles, was im Gottesdienst stattfindet, sollte Gottes Wort transportieren – Haltung und Benehmen der Gläubigen, ihre Lieder, Gebete, Zeugnisse und die Schriftlesung.

5.3.5 Menschen mit einem Blick für Kreativität und Schönheit

Im Gottesdienst begegnen wir Menschen unserem Schöpfer. Der Kreator selbst kommt zu uns herab, tritt in unsere Mitte und setzt das, was er ist, in Gang – Schöpfung. Nichts wäre daher dem Gottesdienst abträglicher als eine sterile Gleichförmigkeit und Absenz jeder schöpferischen Kreativität.

> *„Ein vollkommener Gottesdienstleiter wird daher darin wachsen müssen Schönheit zu mögen und zu fördern"* (Navarro 2001:81).

Gottesdienst und Schönheit gehen immer Hand in Hand. Erst wenn der Mensch die überwältigende Schönheit der Schöpfung Gottes erblickt, wird er vor Gott, seinem Schöpfer, auf die Knie gehen. Wir erkennen Gott aus seinen schöpferischen Taten (Röm 1,18f).

Sicher ist Schönheit auch eine Frage des Geschmacks und dieser wiederum wird durch unsere Kultur geformt. Der Gottesdienstleiter wird immer darauf achten, dass der Gottesdienst schön ist, und zwar so schön, dass die Schönheit vom Gottesdienstbesucher verstanden wird. Die Gottesdienstschönheit findet ihren Ausdruck in der äußeren Gestaltung des Raumes, in den einzelnen Programmpunkten, in den Liedern und in der Art der Gemeinschaft. Wir Menschen nehmen die Schönheit durch unser Gehör, unsere Augen, unsere Haut, unseren Geschmacks- und Geruchssinn wahr. Wenn der Gottesdienst schön sein soll, dann werden die Gottesdienstbesucher Schönes hören, sehen, berühren, riechen und schmecken. Und es ist der Gottesdienstleiter, der für schöne Gestaltung des Gottesdienstereignisses verantwortlich zeichnet.

Formen und Ausdruck, Worte und Melodien, Programmpunkte und interaktive Räume, die er oder sie in den Gottesdienstablauf einbaut, werden wesentlich darüber entscheiden, ob die Gottesdienstbesucher sehen und schmecken können, wie herrlich Gottes Gegenwart ist.

5.3.6 Menschen, die lernen wollen

Gottesdienstleiter werden nicht geboren – sie werden geformt. Niemand ist von Natur aus ein guter Gottesdienstleiter, auch wenn man sicher entsprechende Begabungen und Anlagen mitbringt.

Gottesdienstleiter sind Leiter. Und ein guter Leiter zeichnet sich vor allem dadurch aus, dass er oder sie leitet. Und zwar natürlich. Einem Leiter folgt man einfach. Leiter besitzen Autorität und die kommt aus der persönlichen Integrität der Person des Leiters. Einen guten Leiter zeichnen folgende Charakterzüge aus:

a) Er/Sie lebt, was er/sie sagt. Jesus macht das unmissverständlich deutlich, indem er seine Jünger immer wieder auf sein eigenes Beispiel verweist. „Ich habe euch ein Vorbild gesetzt", sagt er zu seinen Jüngern (Joh 13,15). Er sendet sie so, wie er selbst gesandt wurde (Joh 20,21). Von ihnen wird nichts erwartet, was Jesus ihnen nicht vorgelebt hat. Er qualifiziert sie als seine Nachfolger.

Gute Gottesdienstleiter sind somit vorbildliche Gottesdienstteilnehmer. Man wird in ihrem Alltag Gott entdecken. Es sind Menschen, die darum bemüht sind, Gottes Reich zu bauen, weil sie wissen, dass alles andere im Leben ihnen zufallen wird (Mt 6,33). Menschen, die sich nicht vom Alltag einnehmen und den Tagessorgen erdrücken lassen, sondern auf Gottvertrauen setzen (Mt 6,19–21). Sie sind Vorbilder und deshalb verachtet man sie nicht (1Tim 4,12).

Sie leiten den Gottesdienst durch Worte und deshalb lernen sie ihre Zunge zu beherrschen, wohlwissend, was die unkontrollierte Zunge anrichten kann.[80] In Spr 17,27 heißt es: „Ein Vernünftiger mäßigt seine Rede". Wo Menschen ihre Zunge beherrschen, da bewirken Worte Heilung (Spr 12,18). Sie leiten den Gottesdienst in Liebe zu Gott und zu den Menschen und deshalb müssen sie von der Liebe Gottes erfasst werden. Sie leiten den Gottesdienst im Glauben und deshalb kann von ihnen erwartet werden, dass sie Männer und Frauen des Glaubens sind. Sie leiten im Heilsraum und deshalb sollten sie selbst rein und geheilt dastehen. Wie sonst können sie Liebe, Glauben und Hoffnung vermitteln, wenn ihnen genau dieses fehlt?

Gottesdienstleitung ist also mehr als Moderation. Es ist vor allem eine Demonstration der Begegnung zwischen Gott und Mensch. Am anbetenden Gottesdienstleiter wird Anbetung gelernt. Wie sonst sollte er oder sie Menschen in die persönliche Anbetung führen, wenn er oder sie selbst nicht anbetet? Wie sonst wollte man Menschen begeistert in die Beziehung zu Gott führen, wenn man selbst nicht begeistert ist? Wie sonst wollte man seine Gottesdienst-Audienz in einen tieferen Gehorsam zu Gott führen, wenn man selbst nicht gehorsam ist? Wie will man Menschen beten lehren, wenn man selbst nicht betet? Wie sollen sie opfern, wenn man selbst nicht wirklich opfert?

Gottesdienstleiter leiten zuallererst durch ihre persönliche Integrität und ihr Vorbild. Dabei ist es unwesentlich, ob man ihr Gebet, ihre Hingabe und Opferbereitschaft immer wieder sieht. Man wird sie erfahren! Nicht eine äußere Darstellung, sondern eine innere Haltung und persönlicher Lebensstil werden an dieser Stelle zum kraftvollen Beweis einer bei Gott erlangten Autorität.

b) Er/Sie lässt sich leiten. Gute Gottesdienstleiter sind gute Gottesdienstteilnehmer. „Der Gottesdienst ist kein Zuschauer-Sport" (Navarro 2001).

Paulus beschreibt einen guten evangelischen Gottesdienst in 1Kor 14,26 mit folgenden Worten:

> *„Wenn ihr zusammenkommt, so hat jeder von euch etwas: einen Psalm, eine Lehre, eine Sprachenrede, eine Offenbarung, eine Auslegung; alles lasst zur Erbauung geschehen."*

Der Gottesdienst ist ein gemeinschaftliches Erlebnis. Jeder ist hier aufgerufen, seine Gabe und seine Stärke einzubringen. Wer einen Gottesdienst leiten will, der sollte lernen, am Gottesdienst teilzunehmen. Denn jeder Christ hat etwas erhalten, was er zum gemeinsamen Gottesdienst beitragen könnte (Röm 12,3–8).

Heute tendieren viele Gottesdienste dazu, dass die Teilnehmer nur konsumieren. Sie sind zu unbeteiligten Zuschauern degradiert, in Reih und Glied aufgestellt. Gute Gottesdienstleiter durchbrechen diese Zuschauerkultur, indem sie sich als Teilnehmer mit dem, was Gott ihnen anvertraut hat, in den Gottesdienst einbringen, und zwar auch dann, wenn sie selbst nicht für die Leitung verantwortlich sind. Sie lassen sich leiten und deshalb werden andere sich gerne von ihnen leiten lassen.

5.4 Das Gottesdienstleitungsteam

An Menschen, die Gottesdienste leiten, werden hohe Erwartungen gestellt. „Solche Mitglieder haben wir nicht", antwortete mir neulich ein Gemeindepastor, als ich ihm meine Vorstellungen davon zum Besten gab. „Da hat der eine das, der andere das andere von dem, was du da beschreibst. Aber wer will denn von sich behaupten, alles mitzubringen – du etwa?", ergänzte er. Und Recht hatte er. Niemand kann alleine all das adäquat abdecken, was zur Gestaltung eines guten missionalen Gottesdienstes gehört. Deshalb sollte nicht nur die Gemeindeleitung, sondern jede Gottesdienstleitung als Team organisiert werden.

Wie wird nun ein solches Team zusammengestellt? Im Team sollte jeder seine Rolle und Verantwortung kennen. Deshalb stellen wir das Team aufgabengerecht zusammen. Und Aufgaben werden von Inhalt und Struktur des Gottesdienstes vorgegeben. Wie wir oben gesehen haben, sind folgende Faktoren für die Gestaltung eines Gottesdienstes von entscheidender Bedeutung: Zielgruppe, Thema, Raum, Anbetung, Hilfsmittel/Technik. Die Zielgruppe bestimmt im Wesentlichen, *wer* den Gottesdienst *wie* leiten wird und *welche* Elemente berücksichtigt werden. Es ist beispielsweise nicht klug, einen Frauengottesdienst von einem Mann leiten zu lassen. Umgekehrt wäre es vorteilhaft, wenn ein Jugendgottesdienst auch von Jugendlichen geleitet würde.

Das Thema wird im großen Ganzen die Auswahl des Predigers und anderer Elemente der Verkündigung bestimmen. Welchen

Sinn würde es beispielsweise machen, einen Lehrer evangelisieren, oder einen Hirten logische Zusammenhänge erklären zu lassen? Ein Prophet wird für das prophetische Wort, ein Apostel für die missionarische Erziehung, ein Evangelist für die Evangelisation, ein Hirte für die Seelsorge und ein Lehrer für die Vermittlung der biblischen Wahrheit gefragt werden müssen. Das Thema des Gottesdienstes löst den jeweiligen Zyklus der Verkündigung aus.[81]

Der Raum ermöglicht die Begegnung zwischen Gott und Mensch und Mensch und Mensch. Die Gestaltung des Raumes ist daher von immenser Bedeutung. Wie wollte man, zum Beispiel, intensive Gemeinschaft der Gottesdienstbesucher untereinander erwarten, wenn man die Stühle im Raum in Reih und Glied hintereinander aufstellt? Wer Austausch und Gemeinschaft fördern will, der wird die Bestuhlung im Raum entsprechend anordnen. Neben der Sitzordnung sind viele andere Möglichkeiten und Notwendigkeiten der Raumgestaltung anzusprechen. Wer einen schönen Gottesdienst erwartet, der wird sicher kaum in einen sterilen Raum gehen, der keine Atmosphäre hat. Wer Elemente der Kunst, der Bewegung etc. in den Gottesdienst bringen will, der wird sich gezwungen sehen, den Raum zu gestalten. Das kann nicht jeder und das kann erst recht nicht jeder gut. Gott hatte die Erbauer seines Zeltes der Versammlung mit allen Gaben der Kunst ausgestattet, die hierfür notwendig waren. Und dann entstand ein Kunstwerk. Als dann der Tempel in Jerusalem gebaut wurde, entstand wieder ein Kunstwerk. Und wenn unser Gottesdienst stattfindet, muss auch ein Kunstwerk entstehen. Erst so wird der missionale Gottesdienst schön!

Gottesdienst ist immer auch ein Raum der Anbetung. Diese geschieht in der Stille vor Gott, in der Meditation des Wortes Gottes, im Gesang, in Musik und ehrfurchtsvoller Bewegung im Tanz. Wie immer die Anbetung im Gottesdienst wahrgenommen wird, welche Formen auch praktiziert werden, sie müssen vorbereitet und geleitet werden.

Heute finden Gottesdienste immer wieder in hoch technisierten Räumen statt. Ob man die Stimmen verstärken muss, die Worte durch Bilder oder Text unterstützen oder multimedial predigen möchte – all das muss organisiert und geleitet werden.

Für diese und möglicherweise andere Aufgaben braucht man Mitarbeiter. Diese Mitarbeiter kommen aus der Gemeinde. Es sollten Menschen sein, die wie oben beschrieben verstehen, warum sie im Gottesdienst tun, was sie tun; Menschen, die bereit sind, selbst in den Raum der Begegnung mit Gott zu treten, und die sehnsüchtig erwarten, dass dieser Raum auch von anderen betreten wird. Es ist enorm wichtig, dass das Team aus Menschen besteht, die für die ihnen zugedachten Aufgaben begabt worden sind. Musiker sprechen immer Musiker an, Künstler haben einen Blick für Ästhetik und Propheten für die direkte Rede Gottes.

Niemand von uns Menschen ist von sich aus gut genug, im Gottesdienst, in dem Gott das Sagen hat, mitzuarbeiten. Deshalb müssen Mitglieder des Teams regelmäßig trainiert und geschult werden. In einer Gemeinde, in der der Gottesdienst zur Mitte der Gemeinde gehört, wird das eine Frage von absoluter Priorität.

Anmerkungen

79 Zu der inhaltlichen Füllung dieser Gaben siehe mein Buch „Leiten durch Verkündigung" (2008).

80 Siehe dazu die vielfältigen Aussagen der Heiligen Schrift, etwa in Jak 3,1ff.

81 Zu den Zyklen der Verkündigung siehe Reimer 2004.

Kapitel 6

Gottesdienstplanung

6.1 Ein kreativer Prozess

Gottesdienstleitung beginnt mit der Konzeption und Planung des Gottesdienstes. Die Effektivität des jeweiligen Gottesdienstes steht in deutlichem Zusammenhang mit seiner Planung (Segler 1996:217). Dabei sollte man sowohl den Gottesdienst selbst als auch seine Vorbereitung als Prozess, und nicht als Produkt sehen. Wer einen Gottesdienst plant, der plant weit mehr als ein religiöses Programm. Es geht um nichts weniger als um die Gestaltung eines Raumes, in dem sich Mensch und Gott begegnen und der Schöpfer mit seinem Geschöpf ins Gespräch kommt.

Die Gottesdienstplanung ist ein Team-Geschehen. An der Gestaltung des missionalen Gottesdienstes nehmen mehrere Personen teil.

Die Gottesdienstplanung ist ein kreativer Prozess. „Kreativität ist eine wichtige Dimension des Gottesdienstes" (Duck 1995:10). Ein solcher Prozess wird mehrere Schritte beinhalten. Ruth C. Duck nennt fünf solche Schritte: Gebet, Imagination, Brainstorming, Fokussing, Ideenfluss, Stille, Neubesinnung und Feedback (:10–19).

Dabei geht es bei *Gebet* um das Gespräch des Gottesdienstplaners mit Gott über *sein* Anliegen für den konkreten Gottesdienst.

Wer sich um den Raum der Begegnung zwischen Gott und Mensch bemüht, der wird sicher nicht umhin können, Gott selbst zu fragen, wie *er* sich einen solchen Raum vorstellt. Im Geben geht es um das Beschenktwerden mit Impulsen, die von oben kommen. In meiner Gottesdienstleitungspraxis ist das der wichtigste Schritt. Und zugegeben der schwierigste. Es gibt Gottesdienste, auf die ich mich sehr, sehr lang vorbereite, weil mir einfach die Gewissheit fehlt, dass das, was wir im Gottesdienst vorhaben, Gott gefällt. Und solange diese Gewissheit nicht kommt, ist die Gottesdienstplanung ein mühsames und geistlich trockenes Unternehmen.

Man darf sich das Gebet nicht als ein momentanes und einmaliges Ereignis denken. Es geht hier vielmehr um einen Dialog, ein Gespräch zum Thema. In diesem Gespräch werden alle anderen Schritte realisiert. Und das erste, was kommt, ist *Imagination*. Der Gottesdienstleiter beginnt sich einen Gottesdienst vorzustellen. In seinen Gedanken entstehen Bilder vom Gottesdienst. Und diese Bilder rufen Gedanken hervor. Mit diesen Gedanken wendet sich der Gottesdienstleiter an sein Team. Jetzt wird zusammen nachgedacht. *Brainstorming* ist dabei ein überaus geeignetes Mittel. Auch andere sind im Gebet. Auch anderen kommen Bilder und Gedanken. Jetzt wirft man diese auf den Tisch. Und selbstverständlich bleibt man dabei im Gebet.

Aus diesem Gedankenpool gewinnt das Team das Thema (sofern es nicht bereits steht), die Struktur und die wesentlichen Elemente des Gottesdienstes. Das nennen wir *Fokussieren*. Schritt für Schritt nähert man sich dabei jenem Plan, den man dann im Gottesdienst verwirklichen will. Stehen erst einmal Ziel, Thema und beabsichtigtes Ergebnis des Gottesdienstes fest, dann wird alle kreative Energie im Team auf dieses Thema geleitet. Duck nennt diese Phase einen *Ideenfluss*. Man betet und teilt seine Gedanken mit. Es ist sehr wichtig, dass man die Gedanken auf einem Flipchart o. ä. festhält und später jedem Mitglied zugänglich macht.

Mit diesen Gedanken gehen die Mitglieder des Teams in die Stille vor Gott. Von hier aus werden sie jeweils den eigenen Anteil am Gottesdienst formulieren. Was immer sie in der Stille hören, bringen sie vor den Herrn und in der nächsten Gottesdienstleitungssitzung vor das Team. Hier erhalten sie *Feedback* und entscheiden sich endgültig für Inhalt und Form ihres Anteils am Gottesdienst.

Dem beschriebenen Prozess darf sich weder das APEHL-Team noch das konkrete Gottesdienstleitungsteam (GLT) entziehen. Dabei wird sich das APEHL-Team mindestens zweimal im Jahr zu einer entsprechenden Klausur zusammensetzen, um Linien für den Gottesdienst in der Gemeinde festzulegen. Das GLT trifft sich mindestens zweimal vor dem entsprechenden Gottesdienst.

6.2 Gottesdienstziele bestimmen

Alle sinnvolle Gottesdienstplanung beginnt mit einer klaren Beschreibung des Zieles. Warum und wozu dieser konkrete Gottesdienst? Nichts wäre schlimmer als ein Automatismus in der Frage der Zielbestimmung. Kein Gottesdienst sollte dem anderen gleich sein, wenn es um die Leitung der Gemeinde durch den Gottesdienst und die Begegnung zwischen Gott und Mensch im Gottesdienst geht. Zu unterschiedlich sind die Lebenssituationen der Menschen. Zu unterschiedlich die Fragestellungen des Alltags. Gerade in unserer schnelllebigen Welt ist ein normierter Einheitsgottesdienst Nonsens!

In einer Gemeinde, in der man mit bewusster Leitung durch ein pastorales Ältestenteam arbeitet, das APEHL-Qualitäten besitzt, sind die Ziele des Gottesdienstes durch die Verkündigungszyklen vorgegeben. So wird man, beispielsweise, bei einem Zyklus prophetischer Verkündigung[82] lernen, wie man auf die Stimme des Heiligen Geistes hört. Bei einem Lehrgottesdienst wird man sich dagegen auf den Wahrheitsgehalt der Offenbarung, zum Beispiel eines Bibeltextes, konzentrieren und am Ende des Gottesdienstes erwarten, dass der Besucher diese Wahrheit verstanden hat, und so weiter. Das Thema der Verkündigung wird in diesem Fall die Gestaltung des Gottesdienstzieles vorwegnehmen.

In den meisten christlichen Gemeinden bestimmen Kirchenjahr, Glaubensbekenntnis oder gar zufällige Faktoren die Ziele des Gottesdienstes. Selten ist man sich dessen wirklich bewusst. Man geht halt am Sonntag zum Gottesdienst und dieser muss eben an

Weihnachten als Weihnachtsgottesdienst gestaltet werden. Oder als Mahlfeier. Oder als Messe. Warum und wozu? Die Fragen erübrigen sich, weil sie fast nie gestellt werden. Wollte eine Gemeinde aber ihren Gottesdienst als Ausdruck ihres Auftrags, ihrer Mission gestalten, dann wird sie nicht umhin können, die Frage nach den Zielen zu stellen. Das Ziel des Gottesdienstes ist unmittelbar mit der Frage nach dem Zweck und Sinn der lokalen Gemeinde verbunden. Jede Gottesdienstgestaltung sollte sich von der Mission der Gemeinde leiten lassen.

Das GLT wird sich deshalb fragen müssen:

a) Was hat Gott mit diesem Gottesdienst vor?

b) Wie soll dieser Gottesdienst das Reich Gottes fördern?

c) In welchem Teil des Gottesdienstes werden Menschen Gott begegnen?

6.3 Die Priorität definieren

Gottesdienste sind Ereignisse in Zeit und Raum. Sie suchen immer, den Moment, in dem sich die Gemeinde befindet, einzufangen. Ist das wichtigste Ziel des Gottesdienstes festgestellt, dann können jetzt Prioritäten für die gegebene Veranstaltung formuliert werden. So ist zu entscheiden, welche Zielgruppe aus der versammelten Gottesdienstgemeinschaft besonders angesprochen werden soll. In einem Gottesdienst, an dem Kinder teilnehmen, wird man beispielsweise anders reden, anders singen, anders predigen müssen. Ein Gottesdienst, der sich der Anliegen der Armen annimmt, muss anders formatiert werden, als wenn man zur deutschen Mittelklasse aus den Vorstädten spricht. Sind Ausländer anwesend und will man sie besonders ansprechen, dann wird man wieder einen ganz anderen Stil finden müssen. Sicher sollte der Gottesdienst immer alle meinen, aber eine bestimmte Gruppe wird wesentlich die Stilelemente des Gottesdienstes bestimmen.

Wie entscheidet man, welche Zuhörer besonders hervorgehoben werden? An welche Zuhörer soll man besonders denken? Wer bestimmt, wie volkstümlich man im Gottesdienst redet oder singt? Martin Luther etablierte an dieser Stelle sein berühmtes Prinzip der Kondeszendenz, vom lateinischen *kondeszendere*, was so viel wie „sich herabneigen" heißt. Luther ging es immer um die schwächste Gruppe im Gottesdienst. Diese entschied über die Art und Weise, wie gesungen, gesprochen und gestaltet wurde (Reimer 2008:50–53). Ich würde hinzufügen, dass die Entscheidung, sich an die eine oder andere Besuchergruppe in Sprache und Kultur anzupassen, nicht allein von der Anwesenheit der Schwächsten abzuleiten ist, sondern auch von der missionarischen Zielsetzung der Gemeinde. Als missionale Gemeinde ist man in das Gemeinwesen und in entsprechende Gemeinwesenprojekte eingebunden.[83] Deshalb wird man sich wesentlich an den Menschen, die aus diesem Gemeinwesen kommen, orientieren.

Missionaler Gottesdienst ist kontextueller Gottesdienst. Hier bestellt der Kontext die Musik. Missionaler Gottesdienst ist kultur- und gesellschaftsrelevanter Gottesdienst. Deshalb muss er in seiner Gestalt kultur- und gesellschaftsrelevant sein. Welchen Sinn sollte es beispielsweise haben, eine türkische Gemeinde zu bauen und dabei auf Deutsch als Gottesdienstsprache zu bestehen? Welchen Sinn soll es haben, deutsche Jugendliche mit dem Evangelium erreichen zu wollen, ihnen einen Begegnungsraum mit Gott zur Verfügung zu stellen und dabei Choräle aus dem 16. Jahrhundert zu singen?

Inhalt und Form des Gottesdienstes bestimmen die Menschen, für die man den Gottesdienst anbietet. Das GLT wird sich bewusst für die Menschen aus dem Kontext entscheiden müssen, wenn es einen missionalen Gottesdienst gestalten will.

6.4 Den Prinzipien folgen

Die Berücksichtigung des Kontextes kann allerdings nicht bedeuten, dass man macht, wonach es den Menschen gerade ist. Gottesdienst ist Gottes Dienst. Er wird den Menschen angeboten, aber Gott ist der Handelnde. Die Menschen werden da abgeholt, wo sie sich gerade befinden; sie werden in der Sprache angesprochen, die ihre Herzenssprache ist, aber das geschieht so, wie Gott es sich vorstellt. Der Gottesdienst muss Prinzipien einhalten, die Gott in seinem Wort festlegt.

Es gibt vier Grundpfeiler, die sich im Laufe der Geschichte des Glaubens als unaufgebbare Elemente des Gottesdienstes herausgestellt haben. Basden nennt mit Recht: Struktur, Thema, Zeit und Audienz als wichtige Eckdaten für Gottesdienstplanung.[84]

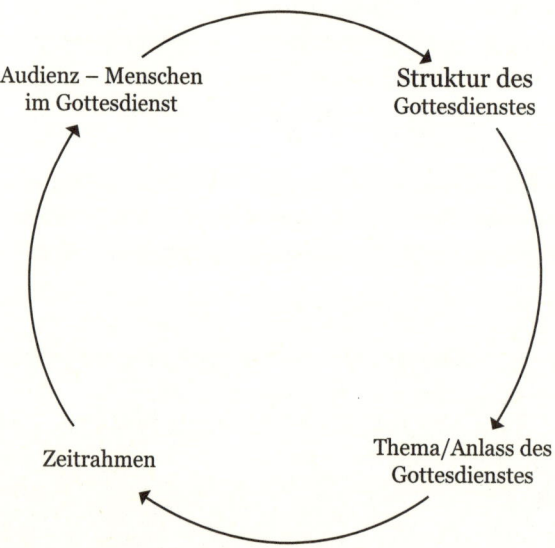

Audienz – Menschen im Gottesdienst

Struktur des Gottesdienstes

Zeitrahmen

Thema/Anlass des Gottesdienstes

Abbildung 6: Grundpfeiler des Gottesdienstes.

6.4.1 Textur des Gottesdienstes

Die Struktur des Gottesdienstes definiert die unabdingbaren Elemente, die einen Gottesdienst zum christlichen Gottesdienst machen. Man kann an dieser Stelle auch von der Textur reden. Als solche Elemente sind Lobpreis, Gebet, Proklamation und Zeugnis zu nennen.

„Diese vierfache Grundstruktur des Gottesdienstes – Lobpreis, Gebet, Proklamation und Zeugnis – hat den christlichen Gottesdienst über Jahrhunderte bestimmt und beschützt."[85]

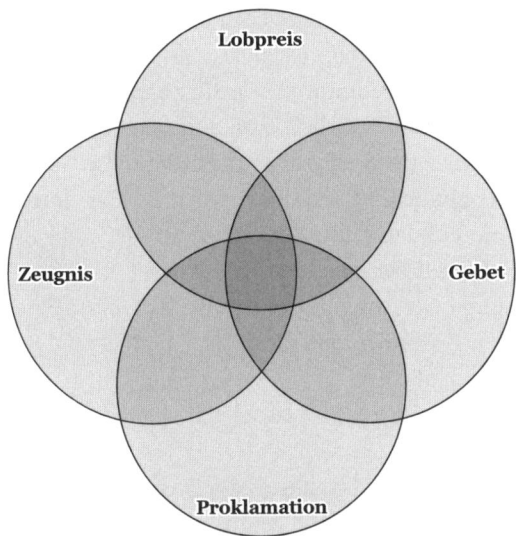

Abbildung 7: Die Struktur des Gottesdienstes.

a) Jeder christliche Gottesdienst wird zur Ehre Gottes gestaltet. Um ihn geht es. Gott lebt im Lobpreis seiner Kinder (Ps 22,4). Wo der Lobpreis fehlt, da fehlt die Konzentration auf Gott, da besteht die Gefahr einer humanistischen Verflachung des Gottesdienstes. Am Ende drehen sich die Menschen nur noch um sich selber und der Gottesdienst verliert seinen eigentlichen Sinn. Lobpreis darf dabei nicht zu eng als Gesang missverstanden werden. Gott kann auf vielfältige Weise gelobt und geehrt werden. Ein Dichter benutzt dazu das Mittel seiner Worte, ein Sänger seine Stimme, ein Musiker komponiert Töne, ein Maler malt ein Bild und ein Tänzer drückt seine Ehrerbietung vor Gott durch die Bewegungen seines Körpers aus. Wer in den Raum des Lobpreises eintritt, der bringt sich selbst, seinen Körper als Opfer Gott dar (Röm 12,1).

b) In jedem christlichen Gottesdienst geht es um das Gespräch zwischen Gott und den Menschen. Wo Gebet fehlt, fehlt das Herzstück, der Raum der eigentlichen Begegnung zwischen Mensch und Gott und es ergibt keinen Sinn mehr, Gottesdienst zu feiern.

Erst das Gebet macht den christlichen Gottesdienst zum Gottesdienst. Und wie beim Lobpreis geht es auch hier um eine Vielfalt der Formen. Ob gemeinsam und vorformuliert oder einzeln und spontan – Gebet lebt von der Unmittelbarkeit der Präsenz Gottes im christlichen Gottesdienst. Man kann daher das Gottesdienstgebet auch nicht unbedingt rigide durchplanen. Der Gottesdienstleiter wird vielmehr den Raum für Gebet zur Verfügung stellen, und wo er liturgische Elemente einbaut, platziert er sie als Einladung zum Dialog mit Gott oder als krönenden Abschluss eines gemeinsam erlebten Gesprächs mit Gott. Das gemeinsam gesprochene Gebet kann sich als tiefes Erlebnis erweisen.

c) In jedem christlichen Gottesdienst geht es um Gott und sein Anliegen und damit um sein Wort. Martin Luther sah den Sinn des christlichen Gottesdienstes in der Predigt des Wortes Gottes. Christlicher Gottesdienst hat eine proklamative Natur. Es wäre allerdings falsch, die Proklamation des Wortes Gottes einfach mit der Predigt gleichzusetzen. Unter der Predigt verstehen wir in der Regel eine erklärende Rede über die Offenbarung im Wort Gottes. Proklamation ist dagegen weiter gefasst (Reimer 2008:20ff). Es geht grundsätzlich um die Kommunikation des Evangeliums, ob gesprochen, gesungen, dargestellt oder animiert.

d) In jedem christlichen Gottesdienst geht es um Zeugnis. Dazu sind die Jünger Jesu berufen und mit dem Heiligen Geist begabt worden (Apg 1,8). Und Zeugnis ist zunächst Mitteilung dessen, was man im Leben mit Gott erfahren hat. So kommt Gemeinschaft zustande.

Die Gemeinschaft der Christen, wie sie im NT beschrieben wird, ist eine Gemeinschaft in gegenseitigem Geben und Nehmen. Das griechische Wort *koinonia* bringt eine solche Gemeinschaft zum Ausdruck.[86] Hier ist niemand nur der Gebende, niemand nur der Nehmende. Jeder wird angehalten, zum Gottesdienst die Gabe zu bringen, die er oder sie von Gott erhalten hat (1Kor. 14,26), und diese auf den Altar Gottes zu legen. Sie werden alle beschenkt, weil sie alle schenken. Im christlichen Gottesdienst versammelt sich das königliche Priestertum aller Gläubigen (1Petr 2,9–10).

6.4.2 Anlass und Thema des Gottesdienstes

Gottesdienste sind immer konkrete Erfahrungen in Zeit und Raum. Ihr besonderer Charakter wird durch den Anlass und das jeweilige Thema bestimmt. Der Gottesdienstleiter wird sich mit beiden beschäftigen müssen, wenn ein entsprechender gottesdienstlicher Raum geschaffen werden soll.

Der Anlass des Gottesdienstes kann vom Kirchenjahr oder den besonderen Gegebenheiten der lokalen Gemeinde bzw. des Gemeinwesens, in dem die Gemeinde arbeitet, bestimmt sein. Form und Inhalt des Gottesdienstes werden dadurch wesentlich bestimmt.

Der Anlass bestimmt die thematische Ausrichtung des Gottesdienstes.

Jeder Gottesdienst sollte sich an einem Thema orientieren, das dem allgemeinen Ziel der Gemeinde und ihres Gottesdienstes unterstellt wird.

6.4.3 Zeitrahmen

Kein Faktor entscheidet so sehr über eine gelungene Kommunikation wie die Zeit. Im Gottesdienst geht es auch darum, dass wir Menschen zur rechten Zeit ansprechen. Damit ist die Frage nach Beginn und Dauer eines Gottesdienstes gestellt. Missionale Gottesdienste können sich nicht an einer von der Geschichte festgelegten Sonntagsstunde orientieren, getreu dem Motto „der christliche Gottesdienst beginnt pünktlich um 10.00 Uhr und zwar immer am Sonntag". Zu kompliziert ist das Leben der Menschen in unser Gesellschaft geworden, um solche Vorgaben zu bedienen. Die Grenzen zwischen Sonntag und Alltag haben sich leider vielerorts verwischt. Heute arbeiten viele Menschen auch am Sonntag durch. Und am Sonntagvormittag ist man oft nach einer intensiven Arbeitswoche nicht wirklich imstande, in die Kirche zu gehen. Gefragt sind also flexible Gottesdienstzeiten.

Wiederum sind es die Gottesdienstbesucher, die Menschen also, für die der Gottesdienst bestimmt ist, die hier entscheiden. Es mag sehr wohl sinnvoll sein, den Beginn des Gottesdienstes auf 10.00 Uhr am Sonntagvormittag zu setzen. Aber es kann auch sein, dass das eine denkbar ungünstige Zeit für die Menschen im Gemeinwesen ist. Man wird also herausfinden müssen, wann man am besten einen Gottesdienst anbietet. Nichts ist für einen missionalen Gottesdienst abträglicher als Zeitdruck. Man braucht Zeit, wenn man den Raum der Begegnung zwischen Gott und Mensch betritt.

Damit ist die Frage nach der Dauer eines missionalen Gottesdienstes gestellt. Um es gleich deutlich zu sagen – mit einer klassischen Gottesdienststunde kommt man hier sicher nicht aus. Zeitgeiz ist in Sachen Gottesdienst tödlich. Man muss auch nicht mit der Zeit geizen. Denn wenn der Gottesdienst, den ich hier zu beschreiben versuche, funktioniert, dann will sowieso niemand nach einer Stunde nach Hause. Ich habe es jedenfalls noch nicht erlebt. Man wird eher mit zwei Stunden Zeit rechnen und wenn man dann noch die Gemeinschaft bedenkt, die nach dem liturgischen Teil folgt, kann es auch mehr werden. Aber wie gesagt, die Länge eines Gottesdienstes ist im Raum der Begegnung selten ein Problem. Ich empfehle als Vorgabe für Gottesdienstplaner jedoch, nicht über 1,5 Stunden zu gehen. Ist aber erst einmal die Gemeinschaft der Heiligen im Gang, dann sollte man als Leitung auch nicht versuchen, dem Gottesdienst ein Ende zu setzen, nur weil man den geplanten Zeitrahmen überschreitet.

6.4.4 Teilnehmer

Missionale Gottesdienste sind Gottesdienste mit und für Menschen. Die göttliche Liturgie in der orthodoxen Kirche bedarf keines sichtbaren Teilnehmers. Nicht so im hier beschriebenen Gottesdienst. Dieser kommt nicht ohne Menschen aus. Und deshalb muss er sich auf Menschen einstellen. Paulus verlangt von der Gemeinde in Korinth einen Gottesdienst, der den Besucher integriert und nicht durch unverständliche Zungenrede abschreckt (1Kor 14,23ff). Das Gottesdienstplanungsteam wird sich daher die Frage gefallen lassen müssen: Wer nun sind und wo befinden sich unsere potenziellen Gottesdienstbesucher? Sind es Deutsche? Oder sind auch Menschen dabei, die der deutschen Sprache nicht mächtig sind? Sind es Gläubige, oder haben wir auch Menschen zu erwarten, die noch nicht glauben können? Sind es junge oder eher alte, gebildete oder eher einfache Arbeiter? Wer kommt zu uns? Der Gottesdienstleiter will wissen, wen er da in die Gemeinschaft mit Gott zu leiten hat, entsprechend ist seine Vorbereitung.

6.4.5 Gottesdienst-Kultur

Gute Gottesdienste sind sich ihrer Teilnehmer bewusst. Das kann allerdings nicht bedeuten, dass man nun jeden Gottesdienst völlig neu konzipieren muss. Menschen werden eher am Gottesdienst teilnehmen, wenn der Gottesdienst kongruent abläuft. Das bedeutet schlicht und einfach: Der Gottesdienst sollte eine gewisse Kultur aufweisen und Wiedererkennungs-Elemente beinhalten. Menschen, die zum ersten Mal einen christlichen Gottesdienst besuchen, werden alles als fremd empfinden, es sei denn, dass man gewisse Elemente aus der Veranstaltungskultur ihres Kontextes übernimmt. Ist es in der Kultur üblich, neue Besucher öffentlich zu begrüßen, so sollte das auch im Gottesdienst der Fall sein. Ist es das aber nicht, dann wäre zu überlegen, ob man dem Besucher einen solchen Schock zumuten darf.

Wichtig ist: Erkennt der Besucher gewisse Elemente wieder, mindert sich seine Spannung und er/sie findet schneller in die Gemeinschaft hinein. Solche Elemente können neben den Begrüßungsritualen Musik, Anspiel, kreatives Spendensammeln oder Video-Clips aus dem Alltag der Gemeinde etc. sein. Mit anderen Worten: Der Gottesdienst, der von seinen Besuchern verstanden wird, weist ein gewisses Ambiente, eine Atmosphäre, eine Ästhetik auf, die den Menschen willkommen heißt.

Neben den kontextuellen Elementen ist aber auch an theologische, geistliche Elemente zu denken, die durch ihre Wiederkehr Bekanntes und damit Familiäres andeuten. Das kann ein liturgisches Gebet sein oder ein andächtiges Hören des Gesangs, einfache Stille oder bewusstes Aufeinanderzugehen. Die Wiederholung solcher Elemente schafft ein spezifisches Gesicht des Gottesdienstes. Damit wird Heimat angedeutet und gottesdienstliche Tradition im besten Sinne des Wortes gepflegt.

6.4.6 Kein Gottesdienst ohne Auswertung

Gute Planung schließt immer die Auswertung mit ein. Nach dem Gottesdienst ist vor dem Gottesdienst und durch nichts lernen wir besser als durch reflektierte Erfahrung. Deshalb sollte das GLT jeden Gottesdienst auswerten. Am einfachsten ist es, den Gottesdienst Anfang der Woche zu bewerten. Gleich nach dem Gottesdienst am Sonntag ist man noch viel zu stark im Geschehen und spätestens am Donnerstag ist man wieder dabei, den nächsten Gottesdienst zu planen.

Anmerkungen

82 Siehe dazu Reimer 2004.

83 Zum Thema Gemeinwesenorientierung im Gemeindebau siehe mein Buch „Die Welt umarmen" (Reimer 2009).

84 Basden 1999:138.

85 Basden 1999:139.

86 Siehe beispielsweise in Apg 2,42.

Kapitel 7

Aus dem Werkzeugkasten des Gottesdienstleiters

7.1 Training ist Pflicht

Das Gottesdienstleitungsteam (GLT) muss kontinuierlich trainiert werden. Missionaler Gottesdienst stellt die Leitung des Gottesdienstes immer wieder vor neue Herausforderungen, weil die Gottesdienstbesucher sowohl die Themen als auch die Formen des Gottesdienstes wesentlich mitbestimmen. Diese Themen und Formen ändern sich in unserer flexiblen Welt nahezu täglich. Von einem erfolgreichen GLT wird daher ein Höchstmaß an sozialer wie auch kommunikativer Kompetenz erwartet. Das GLT sollte seine Zuhörer kennen und wissen, wie man sie anspricht, und zugleich theologisch bewandert sein, um die Menschen so mit der Botschaft des Evangeliums zu konfrontieren, dass sie bereit sind, ihr Leben zu ändern.

Das setzt bewusstes Training voraus. In einer Gemeinde, die ihre Gottesdienste missional gestaltet, wird man die Gottesdienstleiter und ihre Mitarbeiter schulen und weiterbilden. Folgende Themen stellen eine gewisse Anregung dar:

7.2 Wie schreibe ich liturgische Texte?

Auf die Sprache kommt es an. Im Gottesdienst wird gesprochen und im Gottesdienst wird durch Sprache geleitet. Im Laufe der Jahrtausende der Kirchengeschichte hat sich eine besondere christlich-liturgische Sprache etabliert, auch „Sprache Kanaans" genannt. Für viele ist das die Sprache des Glaubens. Leider ist sie für missionale Gottesdienste nicht geeignet. Zum einen wird diese Sprache von den Menschen in der Welt nicht verstanden, zum anderen fördert sie die Exklusivität der jeweiligen Gemeinde.

Paul B. Brown zeigt in seiner überaus lesenswerten Studie zu kulturrelevanten Gottesdiensten, dass sich liturgische und weltliche Alltagssprache gar nicht ausschließen müssen. Die Sprache des Glaubens und die Sprache der Kultur bedingen einander (Brown 1992:36ff). Die hier notwendige Balance entsteht jedoch nur durch die intensive Arbeit am Text und seiner Sprache. Und es erscheint von enormer Bedeutung, nach einer allgemein verständlichen Sprache zu suchen, wenn die Gemeinde ihren missionalen Auftrag in der Welt wahrnehmen will. Wer sich, wie Brown es nennt, auf „The Church's Public", auf die Sozialgestalt der Gemeinde in der Welt fokussiert (:62), der wird nicht umhin kommen, eine neue Gottesdienstsprache zu implementieren, die sowohl den Menschen verständlich ist, als auch den Glauben adäquat auszudrücken vermag.

Gottesdienstleiter sollten sich um eine solche Sprache bemühen. Und wie mit dem Erlernen jeder Sprache ist es auch mit der Sprache des Gottesdienstes – sie verlangt Zeit und Arbeit. Niemand von uns beherrscht sie automatisch.

Was ist das Besondere der gottesdienstlichen Sprache? Ist es damit getan, dass man die übliche liturgische „Sprache Kanaans" in die Alltagssprache übersetzt? Ist damit die Sprachbarriere zur Welt überwunden, oder ist man trotz aller Warnung vor einer allzu abgehobenen und weltfremden Sprache doch darauf angewiesen, einen liturgischen Text, einen spezifisch gottesdienstlichen Ausdruck zu finden? Ich glaube schon. Will man im Gottesdienst eine Konversation über Gott und vor allem mit Gott ermöglichen, dann ist es nicht egal, wie man im Gottesdienst redet. Folgende Überlegungen sind an dieser Stelle von Belang:

a) *Gesprochene Worte.* Die Sprache des Gottesdienstes ist vor allem eingebunden in verbale Kommunikation. Es sind gesprochene Worte. Man sollte daher typische Schachtelsätze vermeiden. Man darf nie vergessen: Als Gottesdienstleiter bin ich eingebunden in ein Gespräch. Ich lese keinen Vortrag und auch kein Gedicht, sondern unterhalte mich mit den Menschen über Gott und ihr Leben.

Gesprochene Worte unterscheiden sich wesentlich von geschriebenen Sätzen. Sie dürfen alltagsnah und volkstümlich sein. Hier darf man bewusst Dialekt sprechen, lokale Ausdrücke sind von Vorteil und bewusst gezogene Parallele zu kontextuellen Besonderheiten stellen jenen Anknüpfungspunkt dar, der den persönlichen Kontakt zum Zuhörer erst ermöglicht.

b) *Knappe Worte.* Gottesdienste laufen in eng bemessenen Zeiträumen ab. Das Gespräch mit dem Gottesdienstbesucher muss auf engem Raum stattfinden. Hier hat man keine Zeit, weit schweifend zu reden. Liturgische Texte sind daher in der Regel sehr kurze Texte.

Deshalb ist darauf zu achten, dass wir mit kurzen und deutlich von einander abgesetzten Sätzen arbeiten. Kurze Sätze erfordern Arbeit. Nichts ist so schwer, wie mit wenigen Worten alles zu sagen und trotzdem das Gespräch, den Dialog nicht abzubrechen.

c) *Gebetssprache.* Der Gottesdienst ist ein Raum der Begegnung zwischen Gott und Mensch. Was hier geredet wird, ist nicht nur Unterhaltung zwischen Menschen, sondern auch und vor allem ein Gespräch mit Gott. Die Sprache des Gottesdienstes ist eine Gebetssprache – und zwar nicht nur da, wo es wirklich um Gebet geht. Es ist wichtig, dass man Gott direkt anspricht. In einer Zeit verwaschener Gottesvorstellungen ist es wichtig, so deutlich wie möglich zu formulieren. Jeder sollte wissen: Hier wird ein evangelischer Gottesdienst abgehalten, dessen Mitte der dreieinige Gott ist.

d) Allgemeingültige Worte. Die Besucherschar im Gottesdienst besteht aus Männern und Frauen. Es ist daher wichtig, auf eine inklusive Sprache zu achten. Zu unseren Gottesdiensten kommen gebildete und ungebildete Menschen – alle sollten die gemeinsam gesprochenen Worte verstehen. Es ist also von höchster Bedeutung, dass die Sprache möglichst einfache und allgemein verständliche Begriffe benutzt, ohne jedoch populistisch abzusacken.[87] Es ist hilfreich, wenn man einen Text, den man von der Gemeinde sprechen lassen will, vorher mit mehreren Gemeindegliedern durchspricht. Würden sie es genau so sagen? Verstehen sie den Inhalt? Wären diese Worte die Worte ihres Herzens? In jedem Fall sollte man solche Texte mit dem Gottesdienstleitungsteam durchsprechen.

e) Worte, die in Liebe gesprochen werden. Gottesdienstliche Rede ist eine Rede, die die Wahrheit in Liebe ausspricht (Eph 4,15a). Sie ist daher vor allem eine Sprache der Liebe und Anerkennung. Aus ihr spricht Verständnis und Annahme, Zuneigung und Akzeptanz, und das ohne jene Anbiederung, die heute mancherorts das kommunikative Geschehen bestimmt. Wenn sich im Gottesdienst jemand provoziert fühlt, dann sollte das aufgrund sachlicher Argumente geschehen und nicht wegen Äußerungen, die als Beleidigungen empfunden werden oder zu Missverständnissen führen.

f) Kontextbezogenes Reden. Liturgische Texte sollen den Menschen da abholen, wo er steht. Es geht nicht um allgemeingültige Formeln, sondern um ein Wort in die Situation hinein. „Sprache, die eine ehrwürdige Intimität reflektiert, lebt vom kulturellen Kontext" (Duck 1995:24). Man sollte daher immer die Sprache des Alltags gebrauchen und jede „Sprache Kanaans" vermeiden.

g) Die Sprache des Herzens. Wir leben in einer multikulturellen und multilingualen Welt. Eine „globale Inklusivität" (Brown 1992:129) kann in einer Sprache nicht erreicht werden, auch wenn wir uns angesichts einer sich immer stärker vernetzenden Welt um weltweit verständliche Begriffe bemühen sollen, wie Brown zurecht fordert (:130ff). Wenn Menschen anderer Kulturen zu uns kommen, dann sollten wir uns darum bemühen, Räume zu schaffen, wo sie ihre Sprache hören und sprechen können. Natürlich ist so etwas nicht immer und auch nicht in gleich bleibendem Maß gegeben. Besuchen nur wenige Ausländer unseren Gottesdienst, so kann man sicher nicht immer einen Übersetzer für sie organisieren. Aber man kann Gebetsgemeinschaften anbieten, wo jeder in seiner Sprache beten darf. Man kann Ausländern die Möglichkeit zur Verfügung stellen, den Bibeltext der Predigt auf Powerpoint in seiner Sprache zu lesen, oder auch diesen einfach im Gottesdienst laut lesen. Wer dem Herz kleine Fenster öffnet, wird bald erleben, dass Türen aufgehen und Menschen bewusst die Begegnung mit Gott und den Mitmenschen suchen.

h) Korrekte Sprache. Liturgische Texte sind zu wichtig, um missverstanden zu werden. Fehler stilistischer und grammatikalischer Art sind hier völlig fehl am Platz. Niemand sollte sich beim Lesen des Textes bei den Fehlern aufhalten. Es ist daher immer angebracht, einen liturgischen Text von mehreren Personen gegenlesen zu lassen.

7.3 Woher nehme ich Bilder und Symbole?

Gottesdienst stellt die Schönheit Gottes dar.[88] Deshalb sollte der evangelische Gottesdienst ein schöner Gottesdienst sein.[89] Bilder und Symbole tragen entscheidend zur Kreativität des Gottesdienstes und seiner Schönheit bei (Duck 1995:33). Bilder und Symbole wecken in uns die Erinnerung, schaffen jene vertraute Atmosphäre, in der man Bedenken und innere Unruhe überwindet, und setzen Symbole für die Zukunft. Bilder und Symbole sind enorm wichtig für die Gestaltung eines gelungenen missionalen Gottesdienstes.

Freilich ist die Frage nach der Bedeutung von Bildern und Symbolen im Gottesdienst umstritten.[90] Nichtsdestotrotz kennen alle großen Kirchen Symbole und Bilder, die im gottesdienstlichen Leben mehr oder weniger intensiv und mehr oder weniger bewusst eingesetzt werden.[91] Jesus gab uns das beste Beispiel. Wenn er redete, dann benutzte er gezielt Bilder aus dem Leben der Menschen, die ihn umgaben. Seine Gleichnisse wirken wie ein

„Bilderbuch Gottes", mit dem er den Menschen den Willen Gottes erklärte und sie so in die Nähe Gottes führte.

Von Jesus lernen, bedeutet in diesem Fall, den Gottesdienst auch bilderreich gestalten. Woher nehmen wir unsere Bilder und Symbole zur Gestaltung des Gottesdienstes? Wo lassen wir uns so inspirieren, wie Jesus es war? Folgende Überlegungen können helfen.

a) Wir sollten die Heilige Schrift als Quelle für Bilder und Symbole entdecken. Die Schrift redet über Gott und seinen Willen in Bildern und Geschichten. Gott offenbart sich uns Menschen als ein Gott der Geschichte. Und die Geschichten, die Gott beschreiben, finden in einem konkreten Umfeld statt. Da offenbart sich der Erlöser Israels Moses im brennenden Busch, da lässt er Moses eine eherne Schlange bauen, die die Gläubigen vom Biss giftiger Schlangen rettet, da fährt Salomo eine ganze Armee von Trommlern auf, um den Tempel einzuweihen, und so weiter. Die Bibel ist ein Buch voller Geschichten und Bilder und diese Bilder stellen eine reiche Quelle für unsere Gottesdienstgestaltung dar.

b) Zum anderen bietet der Alltag, in dem die Menschen leben, eine hervorragende Quelle für Bilder und Symbole. Jesus lehrt uns vorbildhaft, wie diese Quelle zu nutzen ist. Seine Gleichnisse sind allesamt der Lebenswelt seiner Zuhörer entlehnt. Auf diese Weise wird das, was er sagt und lehrt, nicht nur verstanden, sondern es holt den Zuhörer ab und nimmt ihn mitten in die Rede, die Predigt Jesu. So wird die Verkündigung relevant, lebensnah und damit auch lebensverändernd.

c) Und natürlich kann und soll man die Imagination der Menschen als Quelle verstehen. Unter der Führung des Heiligen Geistes wird der Gottesdienstleiter zu Vorstellungen inspiriert, die neu und effektiv sind.

d) Und schließlich bieten entsprechende Praxisbücher zum Thema Gottesdienst eine Fülle von Ideen.

7.4 Wie bete ich wann und warum?

Gottesdienst ist vor allem ein Raum der Begegnung zwischen Gott und Mensch. Und das Mittel der Kommunikation mit Gott nennen wir Gebet. Jeder kann beten. Nichts ist so einfach und klar. Und doch – Gebet mit Leitungsfunktion will gelernt sein. Wer schon einmal einen Gottesdienst geleitet hat und dann nach Worten gesucht hat, die das Geschehen im Gottesdienst im Gebet zusammenfassen, weiß, wovon ich rede.

In einem missionalen Gottesdienst wird viel gebetet. Für den Gottesdienstleiter sind folgende Momente von besonderem Belang:

a) Eröffnung des Gottesdienstes

b) Hinführung zum Lobpreis

c) Dank für die Kollekte

d) Gebet für den Prediger

e) Gebetsgemeinschaft

f) Segensgebet

g) Gebet im Abendmahl

h) Gebet für Kinder

i) Gebet für Kranke

j) Gebet zum Abschluss des Gottesdienstes

Es kann eine enorme Hilfe sein, ein Gebet vorzuformulieren oder ein formuliertes Gebet von anderen zu übernehmen. Solche Gebete können auch zur Quelle der Inspiration für das eigene und frei formulierte Gebet werden. Auf dem christlichen Büchermarkt gibt es mehrere Bände mit entsprechenden Gebeten.[92]

Und der Gottesdienstleiter ist gut beraten, nicht alle Gebete selbst zu formulieren. Hilfreich ist es, wenn man die Person, die man für ein bestimmtes Gebet ausgesucht hat, zeitig um diesen Dienst bittet. Dann hat die Schwester oder der Bruder Zeit, in die Stille zu gehen und Gott zu fragen, was und wie er oder sie beten sollte. Aber auch spontan zum Gebet aufgerufene Personen können den Gottesdienst bereichern.

7.5 Hilfe, ich brache ein Zeugnis!

Gottesdienste drücken aus, was Gemeindeglieder im Alltag mit Gott erlebt haben und erleben werden. Im Gottesdienst kommen Erfahrungen mit Gott und Menschen, die solche Erfahrungen noch nicht gemacht haben, zusammen. In der gottesdienstlichen Gemeinschaft, der *koinonia,* tauschen Menschen aus, was Gott ihnen geschenkt hat. Ein missionaler Gottesdienst ist ohne Zeugnis nicht denkbar. Das Zeugnis macht deutlich, ob und wie man die Verkündigung des vorigen Gottesdienstes im Alltag umgesetzt hat. Und es kann die Besucher motivieren, der Botschaft des laufenden Gottesdienstes aufmerksam zu folgen. Alles, was für unser unmittelbares Leben Bedeutung hat, interessiert den Menschen. Dagegen sind abstrakte Wahrheiten nur Futter für intellektuelle Akrobaten. In einem missionalen Gottesdienst werden sich nur wenige von dieser Sorte finden.

Wie aber organisiert man den Zeugnisteil im Gottesdienst? Sollte man Menschen um ihr Zeugnis bitten? Oder ist es besser, einfach nur den Freiraum für Zeugnisse zu schaffen? Was passiert, wenn niemand diesen Freiraum nutzt? Was macht man, wenn auf einmal Menschen das Wort ergreifen, die Unsinn reden? Wie leitet man einen Zeugnisgottesdienst? Ein Gottesdienstleiter wird sich solche Fragen stellen müssen. Er kennt seine Teilnehmer und weiß, wie man in ihrer Kultur mit persönlichen Dingen umgeht. Was immer er oder sie tut, muss bei den Besuchern Bereitschaft zum Hören und Reden, zum Dialog und Gespräch wecken. Wer vorbereitet statt spontan Verantwortung übernehmen muss, ist immer besser dran.

Ich komme aus einer Gemeinde, in der Sonntag für Sonntag Raum für Zeugnisse geboten wird. Wie gehen wir mit dem Thema um?

a) Zeugnis gehört fest zu unserer Gottesdienstkultur, genau so wie Gesang oder Gebet. Spätestens nach dem zweiten oder dritten Besuch weiß man das. Bei uns kann jeder am Sonntag seine Erfahrungen mit Gott weitersagen. Positive wie negative, Siege wie Niederlagen.

b) Zeugnis gehört zu unserem Gemeinschaftsteil. Hier leben wir *koinonia* praktisch. Deshalb werden Zeugnisse mit Gebet, Nachfragen und anderen interaktiven Elementen begleitet. Der Gottesdienstleiter fungiert hier als Moderator.

c) Obwohl der Zeugnisteil in der Regel spontan gestaltet wird, bemüht sich der Gottesdienstleiter darum, Zeugnisse nach dem Thema des Gottesdienstes zu sammeln. Das erreicht er zum einen über die Themenreihe, in die der Gottesdienst gestellt ist. Richtet man das Leben der Gemeinde thematisch aus und arbeitet man über zwei bis drei Monate an einem bestimmten Thema, dann werden sich auch die Zeugnisse im Gottesdienst diesem Thema anpassen. Je deutlicher der Gottesdienstleiter das Thema des Gottesdienstes aufnimmt, desto sicherer folgen auch die Zeugnisse dieser thematischen Ausrichtung. Zum anderen bittet der Gottesdienstleiter bewusst Menschen, die zum besagten Thema Erfahrungen haben, ihr Zeugnis zu Beginn des Zeugnisteils zu geben. Der erste Ton bestimmt in der Regel die Melodie. So auch hier: Wenn ein bis zwei Zeugnisse zum Thema kommen, dann lassen sich auch andere motivieren, Ähnliches aus ihrem Leben zu berichten. Unterbricht einmal ein Zeugnis diese Bindung an das Thema, so ist es wichtig, dass der Leiter die Gemeinde erneut an das Thema des Gottesdienstes erinnert und darum bittet, möglichst beim Thema zu bleiben. Am besten ist es, wenn er oder sie an dieser Stelle ein weiteres vorbereitetes Zeugnis hat.

d) Zeugnisgeben will gelernt werden. In einer missionalen Gemeinde wird man sich daher bewusst dem Thema stellen und Zeugnisgeben in Kleingruppen einüben und praktizieren. Das wiederum kommt dem Gottesdienst zugute. So entwickelt sich mit der Zeit eine Zeugniskultur, die sowohl dem Gottesdienst als auch der Gesamtgemeinde ihr besonderes Gepräge gibt.

7.6 Wo finde ich die richtigen Lieder?

Musik und Gesang gehören als fester Bestandteil zum christlichen Gottesdienst. Man kann sich nur schwer einen Gottesdienst ohne Gesang vorstellen.[93] Lieder haben ihren Platz im Anbetungs-, im Gemeinschafts-, und Verkündigungsteil. Es ist wichtig, dass man die besondere Bestimmung des Liedes sieht und es entsprechend einordnet.

So wichtig Musik und Gesang im Gottesdienst sind, so schwierig erweist es sich zuweilen, den richtigen Ton zu finden. Musikalische Stile haben die christliche Gemeinde schon immer polarisiert. Viele Gemeinden arbeiten mit zwei und manchmal sogar drei Liederbüchern, um alle Geschmäcker einigermaßen zufrieden zu stellen. Im missionalen Gottesdienst geht es vor allem darum, so zu singen, dass der Gottesdienst seine Mission erfüllen kann. Es kommt weniger darauf an, dass jedem Gemeindeglied die gesungenen Lieder gefallen, sondern darauf, dass man mittels des gewählten Liedes die Menschen im Gottesdienst erreicht und sie in die Gemeinschaft mit Gott und zueinander führen kann. Das gewählte Liedgut trägt enorm zum Ambiente und der Atmosphäre des Gottesdienstes bei. Man wird also gut beraten sein, musikalische Beiträge im Gottesdienst so zu wählen, dass der Gottesdienstbesucher sich darin wiederfinden kann. Warum also nicht einmal auch ein „weltliches Lied" singen? Nicht alles in der Welt ist so schlecht, dass es verworfen werden muss.

Auf der anderen Seite ist der Gesang auch ein gewisses Markenzeichen der Gemeindekultur. Musik im Gottesdienst ist auch ein „Ausdruck der Gemeindefrömmigkeit" (Schützeichel 1990:143). Es wäre also falsch, wenn man sich nur noch am Gottesdienstbesucher orientiert. Man kann auch altes Liedgut hervorragend modern aufbereiten.[94]

Der Gottesdienstleiter ist gut beraten, die Lieder, die er der Gemeinde zum Gesang vorstellt, nicht nur vom Inhalt und der Melodie her zu kennen. Der Gottesdienstteilnehmer gewinnt ein ganz anderes Verhältnis zum Lied, wenn man ihm vorher einen Einblick in die Geschichte des Liedes oder seines Autors gegeben hat. Hierfür steht heute eine Reihe von recht anspruchsvollen Quellen zur Verfügung.[95]

Bei der Wahl der Lieder ist unbedingt darauf zu achten, dass die Mehrheit diese Lieder kennt und sie kräftig mitsingen kann. Nichts ist so schlecht, wie wenn man die Gemeinde zum Singen aufstehen lässt und dann ein Lied anstimmt, das niemand außer dem Lobpreisteam kennt. Freilich können im Gottesdienst auch neue Lieder eingeübt werden. Aber diese sollen dann auch wirklich eingeübt werden! Und bitte nicht mehr als ein Lied pro Gottesdienst.

Ein enormes Problem stellen Lieder in englischer Sprache dar. Bei Jugendlichen überaus beliebt, erweisen sich solche Lieder als wahrer Atmosphärenkiller bei Menschen, die des Englischen nicht mächtig sind. Ratsam ist in solchen Fällen, den Text des Liedes sowohl in Englisch als auch in Deutsch an die Wand zu projizieren. Oder man ermutigt die Gemeinde besonders, auch mal ein Lied in einer unbekannten Sprache zu singen. Man sollte den Text jedoch immer vorher übersetzen. Diese Regel gilt auch für Gemeinden, die mit mehreren Nationalitäten gleichzeitig arbeiten. Lieder machen nur Sinn, wenn sie entweder verstanden oder erlebt werden. Ein einfaches Mittel, das Erleben eines Liedes in unbekannter Sprache zu ermöglichen, bieten Bewegungen zum Lied. Ich staune immer, mit welcher Leichtigkeit es den Afrikanern in unserer Gemeinde gelingt, uns alle zu begeistern, ihre Lieder in afrikanischen Sprachen zu singen. Und obwohl wir alle kaum ein Wort verstehen, ist die Begeisterung allen ins Gesicht geschrieben. Wir haben zwar nicht viel vom Lied verstanden, aber wir haben es mit anderen Christen erlebt. Wenn dann der Text des Liedes nachgeliefert wird, hat der Gesang sein Ziel erreicht.

7.7 Bewegung und Tanz im Gottesdienst

Tanzen im Gottesdienst, obwohl üblich in Afrika und Asien, ist in den meisten europäischen Kirchen umstritten. Vogler spricht hier von einem „vernachlässigten Thema" (in: Kranemann 1999:147). Die Befürworter verweisen auf die alttestamentliche Praxis des sakralen Tanzes,[96] die Gegner auf den Missbrauch des Tanzes durch Israel[97] und die völlige Abwesenheit eines Hinweises auf den Tanz im NT.[98]

Kann oder soll es gar den Tanz im missionalen Gottesdienst geben? Wie in vielen anderen Fragen ist die Antwort auch hier vom Kontext her zu geben. Würde der Tanz die Mission des Gottesdienstes unterstützen oder eher nicht? Werden die Gottesdienstbesucher dadurch Gott und der Gemeinde näher gebracht oder eher abgewiesen? Die Antwort auf diese und ähnliche Fragen wird stark davon abhängen, wer unsere Gottesdienstbesucher sind. Während in vielen Kulturen Tanz und Bewegung als Mittel der Kommunikation einen Ehrenplatz genießen und somit auch im Gottesdienst hervorragend implementiert werden können, lehnen andere Kulturen jede Bewegung im sakralen Raum ab. Während in vielen Jugendkulturen Tanzen als Ausdruck von Entspannung und Spaß gilt, sehen anderen im Tanz Ausdruck, Würde und Meditation. Der Gottesdienstleiter, der Tanz als Element des Gottesdienstes einbaut, sollte wissen, was dabei zu erwarten ist. Ist ihm oder ihr die Reaktion seiner Gottesdienstteilnehmer unbekannt, sollte er vom Experiment eher absehen. Zu wichtig ist der gottesdienstliche Raum, als dass man diesen durch missverständliche Elemente verunstaltet.

7.8 Anspiel, Pantomime, Rollenspiel

Missionaler Gottesdienst bietet dem Besucher einen interaktiven Raum. Hier wird mehr gemacht als nur zugeschaut. Jeder ist eingeladen, aktiv teilzunehmen. Gebet, Zeugnis, Gesang, Tanz sind bereits solche interaktiven Elemente. Weitere können den Gottesdienst bereichern. Dazu gehören theatralische Elemente wie Chorgesang, Anspiel, Pantomime, Musical und Ähnliches. Dabei orientiert man sich am einfachsten an der populären Kultur. Wie werden hier Inhalte weitergegeben? Wie schafft man hier Gemeinschaft? Welche Stilmittel werden benutzt? Freilich lassen sich nicht alle Vorstellungen aus der Kultur übernehmen. Kontextualisierung erfordert immer auch eine kritische Auswahl der vorhandenen Kommunikationsmittel. Und doch – wer will, dass Menschen ihn verstehen, der wird sich der Sprache der Menschen bedienen und jene Ausdrücke benutzen, die sie kennen und bevorzugen.

Dem GLT stehen in dieser Hinsicht gute Hilfsmittel sowohl in Buchform[99] als auch im Internet[100] zur Verfügung.

7. AUS DEM WERKZEUGKASTEN DES GOTTESDIENSTLEITERS

7.9 Wie gestalte ich den Raum?

Die Bedeutung der Raumgestaltung für das Gelingen einer Veranstaltung wird heute allgemein anerkannt. Auch und vor allem für die gottesdienstliche Veranstaltung.[101] Kulturen definieren sich auch über ihr Raumempfinden und Raumerleben (Maletzke 1996:57ff). Je nach Kultur definieren Menschen recht unterschiedlich, wo die Grenzen zwischen privaten und öffentlichen Räumen liegen. Sie werden sich somit nicht immer und auch nicht überall gleich öffnen. Es kann also von großer Bedeutung für das Erleben der Gemeinschaft im Gottesdienst sein, wie man den Raum gestaltet, ob man im Plenum oder eher in der Kleingruppe sitzt, redet oder betet. Unterschiedlich geprägte Menschen haben ein unterschiedliches Empfinden, wenn es um räumliche Distanz oder Nähe geht.[102] Menschen empfinden auch recht unterschiedlich, wie der Raum an sich gestaltet ist. Ein Kinder- oder Jugendgottesdienst in steriler Atmosphäre der typischen Sitzordnung einer deutschen Freikirche wird kaum begeistern. Dagegen kommt in einer bunt angemalten Raumlandschaft sofort Stimmung auf. Lichtdurchflutete Räume wirken auf den einen erleuchtend, der andere würde lieber Kerzenlicht und die Mystik der halbdunklen Räume bevorzugen. Während die einen auf Multimedia schwören, vermeiden andere jede Veranstaltung, die einen Projektor benutzt. Es kommt also darauf an, wer unseren Gottesdienst besucht und was der Anlass der gottesdienstlichen Zusammenkunft ist. Gute Gottesdienstleiter bemühen sich um die Gestaltung des Raumes. In ein GLT gehören Menschen, die ein Händchen für Raumgestaltung haben, und solche, die sie bei der Auswahl der Mittel kulturell beraten können.

7.10 Und dann sehen sie mich ...

Gottesdienstleitung wird von Menschen gemacht und Kleider machen Leute. Es ist nicht egal, wie man vor die versammelte Gemeinde tritt. Der Gottesdienstleiter will seine Zuhörer abholen und zum Thema des Gottesdienstes, ja zu Gott führen. Da kann er oder sie nicht zugleich die Aufmerksamkeit auf sein Äußeres lenken. Auffallende, provozierende Bekleidung lenkt ab, irri-

173

tiert und stört den Teilnehmer, sich auf das Eigentliche zu konzentrieren. Genauso irritierend wirken gewisse Gesten, Mimik,
unvorsichtige Blickkontakte oder unangebrachte Ausdrücke etc.[103]
Die Mitglieder des GLT müssen sich der öffentlichen Wirkung
ihres Auftritts bewusst sein. Wenn sie provozieren, dann sollte ihr
Auftritt gewollt sein und zum Thema des Gottesdienstes passen.
Ist das nicht der Fall, so ist der Auftritt so neutral wie möglich zu
halten. Neutral heißt natürlich nicht grau in grau. Man sollte im
Gottesdienstleiter weder einen Modezar noch einen Straßenfeger
vermuten. Er ist vielmehr ein Mensch Gottes, dem nichts mehr am
Herzen liegt, als einen Raum zu verwirklichen, in dem die Menschen Gott begegnen.

Anmerkungen

87 Zur Diskussion über inklusive Sprache, siehe Brown 1992:94-128.

88 Siehe hierzu Harris 1994:31ff.

89 Es ist hier nicht der Platz, die Frage nach der Ästhetik des christlichen
    Gottesdienstes zu stellen. Für alle, die weiter darüber nachdenken
    wollen, siehe Grözinger 1987.

90 Der Gebrauch von Bildern und Symbolen ist in der Kirche zu allen
    Zeit umstritten gewesen. Zur Diskussion siehe: Schulz 1988:11–63.

91 Eine allgemeine Einführung in die Welt der Symbole (nicht nur im
    Christentum) bieten Forstner 1977 und Dillistone 1955. Zur Symbolik
    der katholischen Kirche siehe Jungmann 1960; zu den Freikirchen:
    Küppers 1964; eine überaus lesenswerte Lektüre zum Thema bieten
    Dillenberger 1986 und Dyrness 2001, die sich intensiv mit der Kor-
    relation zwischen Kunst, Theologie und Gottesdienst auseinanderset-
    zen.

92 Siehe z. B.: Buchna 1999, Tietz 1999.

93 Zur Geschichte und Bedeutung des Gesangs in den unterschiedlichen kirchlichen Traditionen, siehe Schützeichel 1990 (katholische Kirche).

94 Beispiele hierfür bietet Gotthard-Schneider in seinem Buch zu alten Chorälen, die er versucht, neu für die Gemeinde zugänglich zu machen (1993).

95 Heiner 1979, Houghton 1982, Scheffbuch 1998, Rössler 1990ff, Lippold 1998 u. a.

96 So der Tanz Miriams in Ex 15,20f und Davids in 2Sam 6,5. Siehe auch den Hinweis auf den Tanz als Freude über den Neuen Bund in Jer 31,4.

97 Der Tanz Israels um das Goldene Kalb, z. B. in Ex 32.

98 Zur Diskussion: Schützeichel 1990:160ff.

99 Siehe z. B. Admiral 1998, Wilkes 1997, Grethlein 2001 u. a.

100 Siehe unter anderem die Ideenwerkstatt: www.ideenwerkstatt-gottesdienste.de/fortsetzungsbezug_html?campaign=google&idwkz= HV-IGWWW4; www.ekkw.de/lekinet/material/ggest.html; www. bibelonline.de/Software-Multimedia/Bibelsoftware/Software-fuer-Gottesdienstgestaltung u. a.

101 So z. B. katholischerseits: Kranemann 1999:100ff.

102 Siehe hierzu Beispiele bei Maletzke 1996: 60f.

103 Siehe hierzu eine überaus hilfreiche Darstellung bei Klippert 2000:162ff.

Nachwort

Vor Jahren besuchte ich eine illegale Jugendkonferenz in den Bergen Zentralasiens. Etwa einhundert junge Leute versammelten sich weit abgelegen in einem schwer zugänglichen Tal, um drei Tage lang Gottes Wort zu hören und Gemeinschaft miteinander zu haben. Anderswo feierten die Menschen den ersten Mai. Hier feierten wir Gott. Man hatte mich als Redner eingeladen. Nie werde ich diese Konferenz vergessen. Ganz besonders den Sendungsgottesdienst am letzten Abend. Es fing an jenem Abend an zu regnen. Und wenn es in diesen Bergen regnet, dann „schüttet es das Wasser eimerweise vom Himmel", sagt man. So war es auch dieses Mal. Wir hatten ein großes Mannschaftszelt aufgebaut. Fünfzig Menschen sollten darin locker Platz finden. Hundert zwängten sich jetzt hinein. Von irgendeiner Ordnung konnte keine Rede sein. Man saß, stand, lag irgendwie, irgendwo. Wir sangen, wir beteten, wir hörten Zeugnisse und dann war ich mit meiner Sendungspredigt dran. Am nächsten Tag sollte es wieder zurück ins Tal, zurück in den harten Alltag des Lebens in einem gottfeindlichen System gehen. Ich ermutigte die jungen Leute, Gott trotz aller Verfolgung missionarisch zu verherrlichen.

Ich war fast mit meiner Predigt durch, da gab unser Zelt unter den Massen des Wassers nach. Mehrere Stützen brachen zusammen. Die Zeltdecke senkte sich so, dass ich nur noch auf meinen Knien weiterpredigen konnte. Normalerweise hätte man jetzt schnell das Zelt verlassen. Aber hier bewegte sich niemand.

Gebannt hörte man auf meine Worte. Ich sank auf meine Knie und alle, die noch standen, taten das gleiche oder setzten sich. So auf unseren Knien mit einer tonnenschweren Wasserlast auf dem Zelt, beendete ich meine Predigt und fing dann an, die Jugendlichen, die es wünschten, zu segnen. Einer nach dem anderen arbeitete sich auf den Knien nach vorne und ließ für sich beten – bis der letzte kam. Und dann hörte es auf zu regnen. Auf Knien verließen wir unser Zelt. Als der letzte draußen war, brach das Zelt zusammen.

Wir standen vor dem zusammengefallenen Zelt und blickten in den Himmel, wo die Wolken sich langsam verzogen. Wir sahen den sternenbedeckten Himmel des Südens. Man konnte die Sterne fast mit den Händen greifen, so tief schienen sie zu hängen.

„Ist das ein Abend", sagte einer der Teilnehmer zu mir. „Erst sind wir auf unseren Knien und die wütende Natur scheint uns fast vernichten zu wollen. Und dann das hier – ein freundlicher Himmel." „So sind Gottesdienste, die Gott will. Sie finden auf einem gottfeindlichen Territorium statt, im Alltag der Menschen. Aber sie führen immer zum Himmel", antwortete ein älterer Bruder. „Und dann runter in die Niederungen des Lebens", fügte jemand anderes zu. „Und da unten im Tal findet dann die Fortsetzung statt."

Ich muss oft an diese Begebenheit denken. So unterschiedlich die äußeren Umstände auch sein mögen, so gut oder widrig die Bedingungen – missionale Gottesdienste, die diese Bezeichnung verdienen, erzielen den gleichen Effekt: sie führen aus der Enge des Alltags in die Weite des Reiches Gottes. Sie wollen Mission und sie ermöglichen Mission. Es ist egal, wo ein solcher Gottesdienst stattfindet, egal wann, und es ist egal, wer ihn gestaltet. Nicht egal ist dagegen, ob die Veranstaltung dem entspricht, was Gott unter Gottesdienst versteht. Und nicht egal ist, ob die Gemeinde Jesu sich als Leib Christi der Mission ihres Herrn stellt. Tut sie es, so setzt der Geist Gottes jene Bewegung in Gang, die der *Perichoresis* seines eigenen Wesens entspricht. Ein solcher Gottesdienst ist weder langweilig noch lebensfremd, weder festgefahren noch abgedreht. Er ist schlicht und einfach missional.

Literaturverzeichnis

Adams, Jay E. 1972. *Befreiende Seelsorge*. Gießen/Basel: Brunnen.

Admiral, Eva-Maria und Wehrlin, Eric 1998. *Vorhang auf. Ein Handbuch für die Praxis*. Witten: Bundes-Verlag.

Ahlborn, Knut 1997. *Familien willkommen. 20 Entwürfe für Familienstunden und Familiengottesdienste*. Kassel: Born.

Althaus, Paul 1972. *Die Christliche Wahrheit. Lehrbuch der Dogmatik*. Gütersloh: Gütersloher Verlagshaus.

Armstrong, Richard Stoll 1986. *The Pastor – Evangelist in Worship*. Philadelphia: Westminster.

Arnold, Jochen 2004. *Theologie des Gottesdienstes. Eine Verhältnisbestimmung zwischen Liturgie und Dogmatik*. Göttingen: Vandenhoeck & Ruprecht.

Aune, David Edward 1983. *Prophecy in Early Christianity and the Ancient Mediterranean World*. Grand Rapids: Eerdmans.

Barth, Markus 1960. *Ephesians 4–6. A New Translation with Introduction and Commentary*. The Anchor Bible. Volume 32 a. New York/London/Toronto/Sydney/Auckland.

Basden, Paul 1999. *The Worship Maze. Finding a Style to fit Your Church*. Downers Grove: InterVarsity Press.

Baschang, Klaus 2001. *Zukunftskirche. Volkskirche. Von der Freiheit der Glaubenden und dem Aufbruch der Kirche*. Karlsruhe: Evangelischer Presseverband e. V.

Bauer, Steffen 2003. FlaminGo, Jugendgottesdienst. In: Bundschuh-Schramm, *Eine Zeit zum Suchen*, S. 62–83.

Bausch-Hug, Hubert 1974. *Neue Gemeinde – wachsende Gemeinde. Erfahrungen und Anregungen. Gruppendynamik und Liturgie*. Luzern/München: Rex.

Beck, Willi 2007. *Gottesdienst – die Mitte der missionarischen Gemeinde. Zweitgottesdienst-Entwicklung als Baustein für eine zukünftige Sozialgestalt der Evangelischen Landeskirche in Württemberg*. Unveröffentlichte MTh-Dissertation. Pretoria: UNISA.

Becks, Hartmut 1996. *Der Gottesdienst in der Erlebnisgesellschaft*. Unveröffentlichte Inauguraldissertation zur Erlangung des Doktorgrades. Bonn: Friedrich-Wilhelm-Universität.

Betz, Otto 1990. „Prophetie". In: *Das große Bibellexikon*. Band 3, hrsg. von H. Burkhardt, F. Grünzweig, F. Laubach, G. Meier. Wuppertal/Basel: R. Brockhaus.

Beutel, Manfred und Heinze, Carmen 1999. *Gottesdienste kreativ gestalten*. Wuppertal/Kassel: Oncken.

Bieritz, Karl-Heinrich ²1988. *Das Kirchenjahr. Feste, Gedenk- und Feiertage in Geschichte und Gegenwart*. München: C. H. Beck.

_____ 2004. *Liturgik*. Berlin: deGruyter.

Bittlinger, Clemens und Vogt, Fabian 1999. *Die Sehnsucht leben. Gottesdienste neu entdeckt*. München: Kösel.

Black, Kathy 2000. *Culturally Conscious Worship*. St. Louis: Chalice Press.

Blasig, Winfried 1981. *Für einen menschengerechten Gottesdienst*. München: Kösel.

Bletgen, Manfred 1997. *Gott feiern. Gottesdienste für junge und andere Leute*. Stuttgart: ejw-Service.

Böntert, Stefan 2005. *Gottesdienste im Internet. Perspektiven eines Dialogs zwischen Internet und Liturgie*. Stuttgart: W. Kohlhammer.

Boer, Harry R. 1961. *Pentecost and Missions*. Grand Rapids: Eerdmans.

Bohren, Rudolf 1962. „Mission und Gemeinde". In: *Theologische Existenz heute* 102. München.

_____ 1974. *Predigtlehre*. München: Chr. Kaiser.

_____ 1979. „Gemeinde und Seelsorge". In: Ders. *Geist und Gericht. Arbeiten zur Praktischen Theologie*. Neukirchen-Vluyn: Neukirchener Verlag, S. 129–142.

Bosch, David J. 1991. *Transforming Mission. Paradigm Shifts in Theology of Mission*. New York: Orbis Books.

_____ 1997. Evangelism, Evangelization. In: *Dictionary of Missions*. New York: Orbis Books.

Bräuning, Heiko 1999. *Gottesdienst à la carte. Warum wir zielgruppenorientierte Gottesdienste brauchen?* Asslar: Projektion J.

Brecht, Volker 2002. *Zwischen Landeskirche und Freikirche. Die Suche der Gemeinschaftsbewegung nach einem eigenen Gemeindeverständnis*. Wuppertal: R. Brockhaus.

Brown, Paul B. 1992. *In and for the World. Bringing the Contemporary into Christian Worship*. Minneapolis: Fortress.

Bruce, F. F. 1977. *Paul: Apostel of The Heart Set Free*. Grand Rapids: Eerdmans.

Brunner, Emil ²1964. Die christliche Lehre von der Kirche, vom Glauben und von der Vollendung. Zürich: Zwingli-Verlag.

Bubmann, Peter 1999. *Pfingstwallfahrt und Konfirmationsritual. Der Kirchentag als Zeitansage in der Erlebnisgesellschaft*. In: Ratzmann, Wolfgang (Hrsg.), S. 33–56.

Buchna, Jörg 1999. *Gebet für Gottesdienst und Kasualien*. Neukirchen-Vluyn: Neukirchener Verlag.

Bundschuh-Schramm, Christiane u. a. (Hrsg.) 2003. *Eine Zeit zum Suchen. Neue Gottesdienstformen*. Ostfildern: Schwabenverlag.

Bundschuh-Schramm, Christiane 2003. Kreativ – kommunikativ – kundenorientiert. Was die neuen Gottesdienstformen ausmacht. In: Bundschuh-Schramm, *Eine Zeit zum Suchen*, S. 285–295.

Bühne, Wolfgang 1994. *Die Propheten kommen*. Bielefeld: CLV.

Bychkov, V. V. 1977. *Visantijskaja estetika*. Moskva: Isskustvowird.

Cannistraci, David 2001. *Apostolische Leidenschaft*. Fürth: Hassmann.

Carey, George 1995. *The Church in the Market Place*. Eastbourne: Kingsway.

Coenen, Lothar 1977. „Kirche". In: *Theologisches Begriffslexikon zum Neuen Testament*, Band 2. Wuppertal: R. Brockhaus, S. 784–799.

Conn, Harvey M. (editor) 1997. *Planting and Growing Urban Churches. From Dream to Reality*. Grand Rapids: Baker.

Croucher, Rowland 2002. „Good preaching". In: http://jmm.aaa.net.au/articles/8666.htm.

Clowney, Edmund P. 1995. *The Church*. Leicester: Inter-Varsity Press.

Demina, N. A. 1972. *Andrei Rublev i chudoschniki jego kruga*. Moskva: Nauka.

Dillenberger, John 1986. *A Theology of Artistic Sensibilities. The Visual Art and the Church*. London: SCM Press.

Dillistone, F. W. 1955. *Christianity and Symbolism*. London: SCM Press.

Dinkel, Christoph 2000. *Was nützt der Gottesdienst? Eine funktionale Theorie des evangelischen Gottesdienstes*. Gütersloh: Chr. Kaiser.

Dörr, Ralf 2003. „graceland" Jugendgottesdienst. In: Bundschuh-Schramm, *Eine Zeit zum Suchen*, S. 231–240.

Douglass, Klaus 1998. *Gottes Liebe feiern. Aufbruch zum neuen Gottesdienst*. Emmelsbüll: C&P.

_____ 1999. Wie wird aus der Zielgruppe Kirchendistanzierte eine „ganz normale" Gemeinde?. In: *Fit für die Zukunft. Konzepte christlicher Führungskräfte*, hrsg. von Jörg Knoblauch und Horst Marquardt. Gießen: Brunnen, S. 154–170.

Duck, Ruth C. 1995. *Finding Words. A Guide for Leaders for Worship*. Louisville: Westminster.

Dyrness, William A. 2001. *Visual Faith: Art, Theology and Worship in Dialogue*. Grand Rapids: Baker.

Eißler, Johannes 2003. Thomasmesse. Ein Gottesdienst für Zweifler und andere gute Christen. In: Bundschuh-Schramm, *Eine Zeit zum Suchen*, S. 47–61.

Engen, Charles Van 1996. *Mission on the Way*. Grand Rapids: Baker.

Erickson, Graig Douglas 1989. *Participating in Worship. History, Theory and Practice*. Louisville: John Knox Press.

Erdlenbruch, Ernst Wilhelm 1980. *Lernen und Lehren in der Gemeinde*. Witten: Bundes-Verlag.

Escobar, Samuel. 2006. *La Palabra: Vida De La Iglesia*. Editorial Mundo Hispano.

Ewert, David 1983. *The Holy Spirit in the New Testament*. Scottdale: Herald Press.

Fee, Gordon 2005. *Der Geist Gottes und die Gemeinde. Eine Einladung Paulus ganz neu zu lesen*. Erzhausen: Leuchter Edition.

Fenwick, John and Spinks, Brian 1995. *Worship in Transition. The Twentieth Century Liturgical Movement*. Edinburgh: T&T Clark.

Filker, Claudia (Hrsg.) ²1998. *Von Gott in bunten Farben reden. Quicklebendiger Gottesdienst für Leute von 0 bis 99*. Wuppertal: R. Brockhaus.

Fischer, Wolfgang 2003. Das Wiederentdecken der Religion in der modernen Gesellschaft. In: Bundschuh-Schramm, *Eine Zeit zum Suchen*, S. 9–26.

Florenski, P. 1972. *Ikonostas. Bogoslovskie trudy*. Bd. 9. Moskva: Izdatelstvo Moskovskoi Patriarchii.

Flückiger, Felix 1983. „Das Wesen biblischer Prophetie". In: *Zukunftserwartung in biblischer Sicht*, hrsg. von Gerhard Meier. Wuppertal: R. Brockhaus.

Forbes, Christopher 1995. *Prophecy and Inspired Speech in Early Christianity and the Hellenistic Environment.* Tübingen: Mohr Siebeck.

Forstner, Dorothea 1977. *Die Welt der Symbole.* Innsbruck: Tyrolia.

Frisch, Hermann-Josef 1992. *Leitfaden: Kinder und Familiengottesdienst.* Düsseldorf: Patmos.

Frost, Michael und Hirsch, Alan 2003. *The Shaping of Things to Come. Innovation and Mission for the 21st Century Church.* Massachusetts: Hendrickson Publishers (dt.: *Die Zukunft gestalten. Innovation und Evangelisation in der Kirche des 21. Jahrhunderts.* Emmelsbüll/Asslar: C&P/Gerth Medien).

Fuchs, Wolfgang 2002. Damit die kommen, die sonst nicht kommen, in: *Wenn Kirche wächst ... Studienheft zu Alternativen des Gemeindebaus.* Stuttgart: Evangelischer Gemeindedienst für Württemberg.

Gäckle, Volker 2005. Wenn ihr zusammenkommt ... Die Gottesdienste der ersten Christen, in: *Wie feiern wir unsere Gottesdienste? Gemeinde zwischen Tradition und Erlebniskultur,* hrsg. von Rolf Sons. Wuppertal: R. Brockhaus, S. 37–60.

Gangel, Kenneth O. 1981. *Building Leaders for Church Education.* Chicago: Moody.

Gehring, Roger 2000. *Hausgemeinde und Mission. Die Bedeutung antiker Häuser und Hausgemeinschaften von Jesus bis Paulus.* Gießen: Brunnen.

Geldbach, Erich 1978. Neuapostolische Kirche. In: Evangelisches Gemeinde Lexikon, hrsg. v. Erich Geldbach, Helmut Burkhardt, Kurt Heimbucher. Wuppertal: R. Brockhaus.

Gensichen, Hans-Werner 1971. *Glaube für die Welt.* Gütersloh: Gütersloher Verlagshaus.

Gladis, George 1999. *Leading the Team-Based Church.* San Francisco: Jossey-Bass.

Gnilka, Joachim. 1991. *Der Kolosserbrief.* Herders Theologischer Kommentar zum Neuen Testament. Band X. Freiburg/Basel/Wien: Herder.

Goppelt, Leonhard 1978. *Theologie des Neuen Testaments.* Göttingen: Vandenhoeck & Ruprecht.

Gotthard-Schneider, Martin und Viktor, Gerhard 1993. *Alte Choräle – neu erlebt.* Lahr: Ernst Kaufmann.

Grethlein, Christian 2001. *Grundfragen der Liturgik. Ein Studienbuch zur zeitgemäßen Gottesdienstgestaltung.* Gütersloh: Gütersloher Verlagshaus.

_____ 2003. Alternative Gottesdienste. Eine Herausforderung für die Theologie des Gottesdienstes und des Gemeindeaufbaus, in: *Jenseits der Agenda. Reflexion und Dokumentation alternativer Gottesdienste.* Leipzig: Evangelische Verlagsanstalt, S. 9–23.

_____ und Ruddat, Günter (Hrsg.) 2003 a. *Liturgisches Kompendium.* Göttingen: Vandenhoeck & Ruprecht.

Grözinger, Albrecht 1987. *Praktische Theologie und Ästhetik.* München: Chr. Kaiser.

_____ 1998. *Die Kirche – ist sie noch zu retten? Anstiftungen für das Christentum in postmoderner Gesellschaft.* Gütersloh: Gütersloher Verlagshaus/Chr. Kaiser.

Grudem, Wayne 1988. *The Gift of Prophecy in the New Testament and Today.* Eastbourne: InterVarsity Press.

_____ 1994. *Die Gabe der Prophetie.* Nürnberg: VTR.

_____ 2004. *Systematicheskoje Bogoslovie.* St. Petersburg: Biblija dlja vsech.

Guggemos, Claudia 2003. Last-Minute-Angebote. Liturgische Feiern für Frauen zwischen 30 und 50. In: Bundschuh-Schramm, *Eine Zeit zum Suchen,* S. 181–210.

Hahn, Eberhard 1998. Was den Gottesdienst zum Gottesdienst macht, in: *Theologische Orientierung,* Nr. 112, S. 6–9.

_____ 2004. Theologie des Gottesdienstes, in: *Theologische Orientierung.* Nr. 134, S. 18–21.

Hahn, Ferdinand 2002. *Theologie des Neuen Testaments.* Tübingen: Mohr Siebeck.

Handbuch für Kirchengemeinderätinnen und Kirchengemeinderäte. 2001. Hrsg. im Auftrag des Oberkirchenrates der Evangelischen Landeskirche in Württemberg, Stuttgart.

Harris, Richard 1994. *Art and the Beauty of God. A Christian Understanding.* London: Mowebray.

Harrison, F. F. 2003. „Poklonenie". In: Walter Elwell, *Theologicheski enciklopedicheski slovar'.* Moskva: Asoziazia duchovnogo vosrozdenia, S. 871.

Hauschildt, Eberhard 2004. Kirche verändern. Die gegenwärtigen Krisen und ihre Reformpotenziale. In: Pohl-Patalong, Uta (Hrsg.), 2004, *Kirchliche Strukturen im Plural. Analyse, Visionen und Modelle aus der Praxis.* Ein Lernort Gemeinde-Buch. Schenefeld: EB-Verlag, S. 15–28.

Heimbrock, Hans Günter 1999. Gottesdienst in der Unterhaltungsgesellschaft, in: W. Ratzmann (Hg.), *Der Kirchentag und seine Liturgien. Auf der Suche nach dem Gottesdienst von morgen.* Leipzig: Evangelische Verlagsanstalt.

Heiner, Wolfgang 1979. *Bekannte Lieder– wie sie entstanden sind.* Neuhausen-Stuttgart: Hänssler.

Hendricks, Jan 2001. *Gemeinde als Herberge. Kirche im 21. Jahrhundert – eine konkrete Utopie.* Gütersloh: Gütersloher Verlagshaus.

Henning, Gerhard 2003. *Der Evangelische Predigtgottesdienst in Württemberg.* Stuttgart: Gesangbuchverlag.

Herbst, Michael 2001. *Und sie dreht sich doch! Wie sich die Kirche im 21. Jahrhundert ändern kann und muss.* Asslar: Gerth Medien.

_____ 2004. Evangelisierende Gemeinde. Frust und Scheu in der Mission unseres Landes überwinden. In: *Theologische Beiträge* 35. Jahrg., S. 310–323.

_____ 2005. *Missionarische Perspektiven für die Kirche der Zukunft.* Neukirchen-Vluyn: Neukirchener Verlag.

_____ 2006. Mission im Plural. Herausforderungen für die Mission in der Postmoderne. In: *Theologische Beiträge* 37. Jahrg., S. 173–184.

Hille, Rolf 2005. Der Gottesdienst – Ursprung und Maßstab der Theologie, in: *Wie feiern wir unsere Gottesdienste? Gemeinde zwischen Tradition und Erlebniskultur,* hrsg. von Rolf Sons. Wuppertal: R. Brockhaus, S. 89–112.

Hofinger, Johannes (Hrsg.) 1960. *Liturgy and the Missions.* London: Burns & Oates.

Horn, Andreas 2003. Go-Life – Sieben Gottesdienste für Menschen, die sonst nie einen besuchen, in: Mildenberger/Ratzmann, *Jenseits der Agende,* S. 135–147.

Houghton, Elsie 1982. *Christian Hymn Writers.* Bridgent: Evangelical Press of Wales.

Jungmann, Josef Andreas 1960. *Symbolik der Katholischen Kirche.* In: Symbolik der Religionen, hrsg. von Ferdinand Herrmann, Band VI. Stuttgart: Anton Hiersemann.

Kallestad, Walt P. 2002. *Mit offenen Armen. Wie meine Gemeinde für Gäste attraktiv wird.* Gießen: Brunnen.

Käsch, Hans-Jörg 1998. *Praxisbuch: Familiengottesdienst.* Neuhausen-Stuttgart: Hänssler.

Kittel, Gerhard 1942. *Theologisches Wörterbuch zum Neuen Testament.* Band 4. Stuttgart: W. Kohlhammer.

Klaiber, Walter 1990. *Ruf und Antwort. Biblische Grundlagen einer Theologie der Evangelisation.* Neukirchen-Vluyn: Neukirchener Verlag.

Klippert, Wolfgang 2000. *Praxisbuch Gottesdienstleitung.* Wuppertal: R. Brockhaus.

Knoblauch, Jörg 1996. *Kann Kirche Kinder kriegen? Der zielgruppenorientierte Gottesdienst.* Wuppertal: R. Brockhaus.

Kranemann, Benedikt; Nagel, Eduard; Nübold, Elmer. Hrsg. 1999. *Heute Gott feiern. Liturgiefähigkeit des Menschen und Menschenfähigkeit der Liturgie.* Freiburg/Basel/Wien: Herder.

Kuen, Alfred [3]1986. *Gemeinde nach Gottes Bauplan.* Wuppertal: R. Brockhaus.

_____ 1998. *Den Gottesdienst erneuern.* Wuppertal: R. Brockhaus.

Kummer, Joachim 2005. Die Gefegte Messe. Luthers Reform des Gottesdienstes. In: *Wie feiern wir unsere Gottesdienste? Gemeinde zwischen Tradition und Erlebniskultur,* hrsg. von Rolf Sons. Wuppertal: R. Brockhaus, S. 61–88.

Kümmel, Werner Georg 1976. *Die Theologie des Neuen Testaments nach seinen Hauptzeugen.* Göttingen: Vandenhoeck & Ruprecht.

Küng, Hans 1968. *The Church.* London.

Küppers, Werner; Haptmann, Peter; Baser, Friedrich 1964. *Symbolik der kleineren Kirchen, Freikirchen und Sekten im Westen.* In: Symbolik der Religionen, hrsg. von Ferdinand Herrmann. Band XI. Stuttgart: Anton Hiersemann.

Kunz, Ralph 2006. *Der neue Gottesdienst. Ein Plädoyer für den liturgischen Wildwuchs.* Zürich: Theologischer Verlag Zürich.

Liesch, Barry 1996. *The New Worship. Straight Talk on Musik and the Church.* Grand Rapids: Baker.

Lippold, Ernst und Vogelsang, Günter (Hrsg.) 1998. *Handbuch zum evangelischen Gsangsbuch. Band I: Konkrodanz zum evangelischen Gesangsbuch.* Göttingen: Vandenhoeck & Ruprecht.

Lohfink, Gerhard 1982. *Wie hat Jesus Gemeinde gewollt?* Freiburg/Basel/Wien: Herder.

Maletzke, Gerhard 1996. *Interkulturelle Kommunikation. Zur Interaktion zwischen Menschen verschiedener Kulturen.* Opladen: Westdeutscher Verlag.

Marshall, J. Howard 2000. „Who Were the Evangelists?" In: *The Mission of the Early Church to the Jews und Gentiles,* ed. by Jostein Adna and Hans Kvalbein. Tübingen: Mohr Siebeck, S. 251–264.

_____ 2004. *New Testament Theology. Many Witnesses, One Gospel.* Downers Grove: InterVarsity Press.

Masemann, Heino 2005. Der „Gottesdienst 08/16 in Bevern. Ein Beispiel für alternative Gottesdienste auf dem Lande, in: Mildenberger/Ratzmann, *Jenseits der Agende,* S.149–157.

Mauerhofer, Armin 1998. *Gemeindebau nach biblischem Vorbild.* Neuhausen-Stuttgart: Hänssler.

Maynard-Reid, Pedrito U. 1996. *Complete Evangelism.* Scottdale: Herald Press.

Meyer, Hans Bernard; Auf der Maur, Hansjörg; Fischer, Balthasar; Häußling, Angelus A.; Kleinheyer, Bruno 1987. *Gottesdienst der Kirche. Handbuch der Liturgiewissenschaft.* Teil 3: Gestalt des Gottesdienstes. Sprachliche und nichtsprachliche Ausdrucksformen. Regensburg: Friedrich Pustet.

Middelmann, Udo W. 2004. *Market Driven Church. The worldly Influence of Modern Culture on the Church in America.* Wheaton: Crossway.

Mildenberger, Irene und Ratzmann, Wolfgang (Hrsg.) 2003. *Jenseits der Agende. Reflexion und Dokumentation alternativer Gottesdienste.* (Beiträge zu Liturgie und Spiritualität, Band 10). Leipzig: Evangelische Verlagsanstalt.

Möller, Christian ²1990. *Gottesdienst als Gemeindeaufbau. Ein Werkstattbericht.* Göttingen: Vandenhoeck & Ruprecht.

Müller, Karl 1997. *Dictionary of Mission.* New York: Orbis Books.

Murray, Stuart 2001. *Church Planting: Laying Foundations.* Scottdale: Herald Press.

Navarro, Kevin J. 2001. *The Complete Worship Leader*. Grand Rapids: Baker.

Neijenhuis, Jörg 1999. Lebendige Liturgie als Gemeindeliturgie? Reflexion einer Umfrage zum Leipziger Kirchentag 1997, in: *Der Kirchentag und seine Liturgien. Auf der Suche nach dem Gottesdienst von morgen,* hrsg. von Wolfgang Ratzmann. Leipzig: Evangelische Verlagsanstalt, S. 117–142.

Pereira, Glainer da Silva 2004. *A Missiological Theology of Worship.* Unveröffentlichte MTh Dissertation. Pretoria: UNISA.

Pohl-Patalong, Uta (Hrsg.) 2004, *Kirchliche Strukturen im Plural. Analyse, Visionen und Modelle aus der Praxis.* Ein Lernort Gemeinde-Buch. Schenefeld: EB-Verlag,

Postman, Neil [13]2000. *Wir amüsieren uns zu Tode. Urteilsbildung im Zeitalter der Unterhaltungsindustrie.* Frankfurt am Main: S. Fischer.

Power, David N. 1990. *Worship, Culture and Theology.* Washington, D.C.: Pastoral Press.

Pritchard, Graig A. 1996. *Willow Creek Seeker Service. Evaluating a New Way of Doing Church.* Grand Rapids: Baker.

Prokes, Mary Timothy 2004. *At the Interface: Theology and Virtual Reality.* Wheatmark.

Ratzmann, Wolfgang (Hrsg.) 1999. *Der Kirchentag und seine Liturgien. Auf der Suche nach dem Gottesdienst von morgen.* Leipzig: Evangelische Verlagsanstalt.

Rengstorf, Karl H. 1933. „Apostelo". In: *TWNT*, Band 1. S. 397–4.

Reimer, Johannes 1998. Das Missionsdenken des frühen russischen Mönchtums, in: *Die Mission der Theologie.* Festschrift für Hans Kasdorf zum 70. Geburtstag, hrsg. von Stephan Holthaus und Klaus W. Müller. Bonn: Verlag für Kultur und Wissenschaft.

_____ 2003. Mission als kenotische Aktion. Zum besseren Verständnis der orthodoxen Theologie der Mission. In: Klaus W. Müller (Hg.), *Mission in fremden Kulturen.* Festschrift für Lothar Käser. Nürnberg: VTR, S. 197-214.

_____ 2004. *Leiten durch Verkündigung. Eine unentdeckte Dimension.* Gießen: Brunnen.

_____ 2009. *Die Welt umarmen. Theologie des gesellschaftsrelevanten Gemeindebaus.* Marburg: Verlag der Francke-Buchhandlung.

Riecker, Otto.2001. *Das evangelistische Wort. Die Menschen erreichen.* Holzgerlingen: Hänssler.

Riesner, Rainer 1978. *Apostolischer Gemeindebau.* Gießen: Brunnen.

Roloff, Jürgen 1993. *Die Kirche im Neuen Testament.* Göttingen: Vandenhoeck & Ruprecht.

Rössler, Martin 1990–1992. *Liedermacher im Gesangsbuch.* Band 1–3. Stuttgart: Calwer.

Ruddat, Günter 2003. Neue Gottesdienste braucht das Land?! Liturgisch-topografische und konzeptionell-handlungsorientierte Überlegungen, in: Mildenberger/Ratzmann, *Jenseits der Agende,* S. 45–66.

Ryken, Leland at all 2005. *Slovar bibleiskich obrasov.* St. Petersburg: Biblia dlja vsech.

Schmidt-Lauber; Meyer-Blanck, Michael; Bieritz, Karl-Heinrich (Hrsg.) ³2003. *Handbuch der Liturgik.* Göttingen: Vandenhoeck & Ruprecht.

Scheffbuch, Beate und Winrich ⁴1998. *Den Kummer sich vom Herzen singen. So entstanden bekannte Lieder.* Neuhausen-Stuttgart: Hänssler.

Schlatter, Adolf ⁵1985. *Paulus, der Bote Jesu. Eine Deutung seiner Briefe an die Korinther.* Stuttgart: Calwer.

Schmückle, Werner 2002. Zweitgottesdienste – Zeichen eines Aufbruchs, in: *Wenn Kirche wächst ... Studienheft zu Alternativen des Gemeindebaus.* Stuttgart: Evangelischer Gemeindedienst für Württemberg.

Schnabel, Eckhard 2002. *Urchristliche Mission.* Witten: R. Brockhaus.

Schnackenburg, Rudolf 1982. *Der Brief an die Epheser.* EKK, Band 10. Zürich/Einsiedeln/Köln.

Schulz, Hans-Joachim; Speigl, Jakob (Hrsg.) 1988. *Bild und Symbol – Glaubensstiftende Impulse.* Würzburg: Echter.

Schulze, Gerhard ⁸2000. *Die Erlebnis-Gesellschaft. Kultursoziologie der Gegenwart.* Frankfurt am Main: Campus.

Schützeichel, Harald (Hrsg.) 1990. *Mehr als Worte sagt ein Lied.* Freiburg/Basel/Wien: Herder.

Schwark, Christian 2006. *Gottesdienste für Kirchendistanzierte. Prospekte und Perspektiven.* Wuppertal: R. Brockhaus.

Schwarz, Christian A. und Schalk, Christoph 1997. *Die Praxis der natürlichen Gemeindeentwicklung.* Emmelsbüll: C&P.

Segler, Franklin M. und Bradley, Randall 1996. *Understanding, Preparing for, and Practicing Christian Worship.* Nashville: Broadman.

Simson, Wolfgang 1999. *Häuser, die die Welt verändern.* Emmelsbüll: C&P.

Sons, Rolf 2005. Gottesdienst zwischen Tradition und Erlebnisorientierung. in: *Wie feiern wir unsere Gottesdienste? Gemeinde zwischen Tradition und Erlebniskultur,* hrsg. von Rolf Sons. Wuppertal: R. Brockhaus, S. 141–158.

_____ 2005 b. Zweit- und Zielgruppengottesdienste im Rahmen des missionarischen Gemeindeaufbaus, in: *Wie feiern wir unsere Gottesdienste? Gemeinde zwischen Tradition und Erlebniskultur,* hrsg. von Rolf Sons. Wuppertal: R. Brockhaus, S. 159–174.

Sorg, Theo 1977. *Wie wird die Kirche neu? Ermutigung zur missionarischen Gemeinde.* Wuppertal: Aussaat.

_____ 1984. *Grundlinien biblischer Verkündigung.* Gießen: Brunnen.

_____ 1987. *Christus vertrauen – Gemeinde erneuern. Gemeindeaufbau in der Volkskirche.* Stuttgart: Calwer Verlag.

Stolt, Peter; Grünberg, Wolfgang; Suhr, Ulrike (Hrsg.) 1996. *Kulte, Kulturen, Gottesdienste. Öffentliche Inszenierung des Lebens.* Göttingen: Vandenhoeck & Ruprecht.

Stott, John R. W. 1979. *Der Verkündiger. Neutestamentliche Studien zum Wesen und Auftrag des Verkündigers.* Witten: Bundes-Verlag.

Stricker, Joachim 2007. Kennzeichen zweiter Gottesdienste, in: www. Zweitgottedienste.de/Grundlagen/Kennzeichen.htm.

Tietz, Holger 1999. *Begegne uns, Herr! Kollekten- und Fürbittengebete.* Neukirchen-Vluyn: Neukirchener Verlag.

Turner, Max 1996. *The Holy Spirit and Spiritual Gifts Then and Now.* Carlisle.

Uhsadel, Walter 1963. *Die gottesdienstliche Predigt.* Heidelberg: Quelle und Meier.

_____ 1966. *Evangelische Seelsorge.* Heidelberg: Quelle und Meier.

Vogt, Fabian 2003. GoSpezial, in: Mildenberger/Ratzmann, *Jenseits der Agende,* S. 103–111.

Volf, Miroslav 1998. *After our Likeness: The Church as the Image of the Trinity.* Grand Rapids: Eerdmans.

Vries, Reiner und Sigrid de ²1997. *Erzählbuch Gottesdienst. Geschichten für Kinder und Familie.* Wuppertal/Kassel: Oncken.

_____ 1998. *Erzählbuch Gottesdienst II. Neue Erzählungen für Kinder zu vielen Anlässen und Themen.* Wuppertal/Kassel: Oncken.

Walldorf, Friedemann 1999. *Mission und Neuevangelisierung in Europa. Grundlinien kontextueller Missionskonzepte (1979–1992).* Unveröffentlichte DTh Dissertation. Pretoria: UNISA.

Wendland, Heinz-Dietrich 1976. *Die Briefe an die Korinther.* NTD Band 3, Göttingen: Vandenhoeck & Ruprecht.

Weyel, Hartmut 1997. *So stell ich mir Gemeinde vor. Kennzeichen der Gemeinde Jesu Christi. Biblische Strukturen und modernes Profil.* Gießen: Brunnen.

Wieske, Günter 1998. *Gemeindepädagogik für die Praxis.* Bonn: Puls-Verlag.

Wilckens, Ulrich 2005. Theologie des Neuen Testaments, Band 1/4: *Die Evangelien, die Apostelgeschichte, die Johannesbriefe, die Offenbarung und die Entstehung des Kanons.* Neukirchen-Vluyn: Neukirchener Verlag.

Wilkes, André 1997. *Merkbar: Ansprechend schauspielern und mehr.* Wiedenest: Material und Buch.

Winter, Stephan 2006. *„Das sei euer vernünftiger Gottesdienst"* (*Röm 12,1). Liturgiewissenschaft und Philosophie im Dialog.* Regensburg: Friedrich Pustet.

Wright, Christopher 2006. *The Mission of God. Unlocking the Bible's Grand Narrative.* Downers Grove: InterVarsity Press.

Ziemer, Jürgen 2000. *Seelsorgelehre.* Göttingen: Vandenhoeck & Ruprecht.

_____ (Hrsg.) 2000. *Kirche unter Veränderungsdruck. Wahrnehmungen und Perspektiven.* Leipzig: Evangelische Verlagsanstalt.

Zimmer, Siegfried 2003. Nachteulen-Gottesdienst, in: Mildenberger/ Ratzmann, *Jenseits der Agende*, S. 159–190.

Stichwortverzeichnis

Bibelstellenverzeichnis

Band 1 der Edition IGW

Peter R. Müller

Columbans Revolution
Wie irische Mönche Mitteleuropa mit dem
Evangelium erreichten – und was wir von
ihnen lernen können

94 Seiten, Broschur, mit Karten und Abb.
ISBN 978-3-937896-64-9, Best.-Nr. 588.664
Neufeld Verlag, Schwarzenfeld 2008

Peter R. Müller führt die Leser in die spannende Umbruchzeit des
Frühmittelalters, die in vielem unserer heutigen Situation ähnelt: Es gibt
Zuwanderung durch „Ausländer", ein fest etabliertes Heidentum und
eine Kirche, die es seit Jahrhunderten nicht schafft, diese Menschen mit
dem Evangelium zu erreichen.
Als der irische Mönch Columban mit seinem keltischen Modell von
Kirche in den Vogesen ein Kloster gründet, ändert sich diese Situation dramatisch: Die keltische und germanische Bevölkerung Europas
wird für den christlichen Glauben gewonnen. „Columbans Revolution"
durchleuchtet die Hintergründe dieser Entwicklung und zeigt wichtige
Prinzipien auf, die dabei eine Rolle gespielt haben.

„Dieses Buch ... kann Hoffnung wecken – selbst wenn diese Geschichte
schon viele Jahrhunderte alt ist. Die keltischen Mönche um Columbanus
mussten den Germanen in Mitteleuropa erst einmal plausibel machen,
warum sie um des Evangeliums willen ihre Götter und Traditionen zurück-
lassen sollten. Die Denkanstöße, die Peter R. Müller hier gibt, reichen
von Fragen der kirchlichen Struktur über das Verhältnis von Glaube und
Kultur hin zu Überlegungen, dass langfristiges Denken, Planen und Agie-
ren wichtiger ist als überdrehter Aktionismus. ..."
                                        – Dr. Peter Aschoff im Vorwort

„Warum sollten wir uns beim Thema Gemeindebau gerade mit irischen
Mönchen beschäftigen? Weil ihnen das gelang, womit die Kirchen heut-
zutage kämpfen: für die Menschen in ihrer Umgebung relevant zu sein ...
Eine lehrreiche Reise in die Vergangenheit." – Julia Sahm in „dran"

Band 2 der Edition IGW

Roland Hardmeier
Kirche ist Mission
Auf dem Weg zu einem ganzheitlichen
Missionsverständnis

346 Seiten, Broschur
ISBN 978-3-937896-77-9, Best.-Nr. 588.677
Neufeld Verlag, Schwarzenfeld 2009

Vor unseren Augen vollzieht sich ein dramatischer Wandel – durch
Globalisierung und Postmoderne –, der nicht nur Auswirkungen auf die
Gesellschaft hat, sondern auch die Christenheit betrifft. Was bedeutet
es, in dieser Welt den Auftrag zu erfüllen, den Jesus Christus der Kirche
gegeben hat?

Roland Hardmeier beschreibt in diesem Buch den gegenwärtigen
Wandel evangelikaler Missionstheologie hin zur Ganzheitlichkeit des
Evangeliums und der Transformation der Welt. Diese radikale Anstiftung
bedeutet, dass die Kirche sich neu auf ihre missionarische Aufgabe
besinnt und zugleich ihre soziale Verantwortung wahrnimmt – und so zur
Heilung der Welt beiträgt.

Der Autor liefert eine umfassende biblische Begründung für ein transfor-
matorisches Missionsverständnis. Durch die Aufarbeitung der missi-
ologischen Entwicklungen in der Zwei-Drittel-Welt, die konsequente
Einbeziehung des Alten Testaments und den Blick auf Jesus als Mensch
und Prophet vermittelt Roland Hardmeier eine für die Herausforderungen
des 21. Jahrhunderts relevante Sicht von Kirche und Mission.

Ausgezeichnet mit dem Peters-Preis 2009 des
Arbeitskreises für evangelikale Missiologie (AfeM)

stiftung ⦂ bildung & forschung

Die Stiftung Bildung & Forschung unterstützt Forschungsprojekte und die Edition IGW finanziell.

Edition IGW

Die Edition IGW macht Forschungsergebnisse von Studierenden und Dozierenden bei IGW International in Form von Büchern einer breiten Leserschaft zugänglich. IGW will mit der Publikation relevanter Ergebnisse wissenschaftlich-theologischer Forschung einen Beitrag zur aktuellen missionarisch-gemeindebaulichen Herausforderung in Europa leisten.

Stiftung Bildung und Forschung (SBF)

Die Stiftung wurde 2005 in Zürich gegründet und ist in der Schweiz aktiv. Sie ist überzeugt, dass christliche Grundwerte entscheidend sind, um die heutigen und zukünftigen Herausforderungen Europas bewältigen zu können. Diese Werte müssen beim Bau an einer gerechten, freien und menschenwürdigen Welt massgeblich beteiligt sein.
Die Stiftung fördert akademische Bildung und angewandte Forschung, wobei der Fokus der geförderten Lehre, Erforschung, Entwicklung und Anwendung der christlichen Werte in den Bereichen Gesellschaft, Wirtschaft und Theologie liegt.
Die Stiftung untersteht der zivilrechtlichen Aufsicht des Eidgenössischen Departements des Innern EDI. Gemäss Verfügung vom 15. Juni 2007 wird anerkannt, dass sie in uneigennütziger Weise akademische Bildung und angewandte Forschung fördert. Sie verfolgt gemeinnützige Zwecke und ist von der Steuerpflicht befreit.

Für eine Zukunft mit christlichen Werten

Stiftung Bildung & Forschung   Tel. +41 44 272 48 08
Dr. theol. Fritz Peyer-Müller   Fax +41 44 271 63 60
(Stiftungsratspräsident)   info@stiftungbf.ch
Josefstrasse 206   www.stiftungbf.ch
CH-8005 Zürich

 **www.igw.edu**

Theologische Ausbildung mitten im Leben – missional und modular.

Informationen zu allen Studiengängen unter www.igw.edu.